서로에게

40대 초보 아빠의 육아&기도 노트

서로에게

초판 1쇄 발행 2021년 2월 20일

지은이 최재용
그린이 엄태미
펴낸곳 컨텐츠조우
펴낸이 최재용
출판등록 2018년 3월 29일 제 2021-000003호
주소 서울시 용산구 한강대로104가길 11-8. B03
전화 02-310-9775
팩스 02-310-9772
전자우편 jowoocnc@gmail.com

©최재용 2021
ISBN 979-11-91173-01-7

서로에게

컨텐츠조우

서로에게 - 프롤로그

서로야! 서로가 이 글을 읽을 수 있을 때 "내가 서론데?"라고 할 수 있을까? 서로는 네가 엄마 배 속에 처음 생겼을 때 엄마 아빠가 너에게 붙여준 처음 이름이고 네가 태어난 지 일 년이 된 지금도 엄마 아빠가 너를 부르는 이름이란다. 앞으로 너를 얼마 동안 서로라고 부를지는 엄마 아빠가 정해 놓지 않았어. 그냥 지금 너의 모습이 '서로'랑 어울려서 '서로'라고 아직 부르고 있어.

서로는 '우리 서로' 할 때 그 서로야. 굳이 한자로 쓰려면 '새벽 서' 曙 라는 한자와 '이슬 로' 露 라는 한자로 쓰면 된단다. 왜 너의 이름이 서로인고 하니, 엄마 아빠가 서로 사랑하는 우리 집에 네가 새로 왔으니 엄마랑 아빠랑 너까지 세 명이서 서로 사랑하고 아껴주고 도와주고 서로 잘 지내보자고 서로라고 불렀단다.

4

한자로 '새벽이슬'인 이유는 그냥 아빠가 끼워 맞춘 건데, 성경에 보면 "주의 권능의 날에 주의 백성이 거룩한 옷을 입고 즐거이 헌신하니 새벽이슬같은 주의 청년들이 주께 나오는 도다."(시편 110:3) 하는 구절이 있어. 새벽이슬! 어쩐지 신선하면서도 거룩한 느낌이 들지 않니? 서로가 하나님이 기뻐하시는 사람으로 살길 바라는 마음도 담겨 있단다. 이건 좀 어려운 이야기일 수도 있으니 나중에 같이 이야기해 보면 좋겠다.

서로야! 엄마 아빠에게 너는 하나님이 주신 귀한 선물이란다. 그리고 서로에게도 엄마 아빠는 하나님이 예비하신 선물일 거야. 엄마 아빠가 여러 가지로 부족하긴 하지만 그래도 엄마 아빠가 있으니까 서로가 이렇게 세상에 태어나서 오늘까지 살아올 수 있었잖아? 그러고 보니 너의 이름 서로에는 우리가 서로의 선물이라는 의미도 담겨 있구나.

서로야 언제나 고마워, 언제나 사랑해!

서로가 태어난 지 1년 되는 날,
엄마 아빠가

5

CONTENTS

우리 가족의 시작

우리는 2010년에 결혼했다. 우리 나이로 내가 서른넷, 아내가 서른이었다. 결혼 당시 우리는 둘 다 직장 생활을 하고 있었는데 결혼 1주년 기념일에는 우리 둘 다 직장을 그만둔 상태가 되었다. 플로리스트였던 아내는 언젠가는 해야 할 본인의 샵을 시작하기 위해 직장을 나왔고 사회 복지사로 일했던 나는 그동안에 쌓여왔던 건강과 비전에 관한 문제들로 인해 사표를 썼다.

그 후 10년이 지났고, 우리는 서울 모처에서 카페를 함께하고 있었다. 우리의 업장은 처음에는 [꽃집]이었다가 [플라워 카페]가 되었고 [플라워 + 소품 카페]가 되었다. 카페 손님들이나 오랜만에 만난 지인들은 결혼하고 10년이 되었다고 하면 아이는 어떻게 되냐고 묻는다. 아이가 몇 살인지 아들딸 몇 명인지를 묻는 질문에 우리는 '없다'라고 대답했다. 처음에는 '아직 없다'였다가 '없다'가 된 지도 시간이 꽤 지났다. 아이를 낳게 해주는 용한(?) 병원에 가서 검사를 받아보기도 했지만 나는 뭔가 마음에 별로 내키지 않아서 검사 후 한두 번 더 가다가 그만두었다. 아

9

이를 잘 키우기 너무 어려운 세상이기도 하고, 주변에 동지(?)들이 많기도 하고, 지금도 행복하다 생각하기도 하고... 결혼한 지도 10년 차가 되었으니 '아직 없다' 보다는 '없다'가 맞는 듯 했다. 예전에는 아이가 없다고 하면 다들 걱정하면서 자신이 아는 비법을 이야기해 주거나 자신이 알고 있는 사람들 중 결혼 이후 최장기간 아이가 없다가 부모가 된 사람 이야기를 해주며 용기를 주려고 하였다. 하지만 요즘 들어서는 "일부러 안 가지시는 거예요?" 하고 조심스럽게 묻곤 한다. 우리의 대답은 기독교인에겐 "하나님이 계획이 있으시겠죠!"였고 그렇지 않은 사람에겐 "반반이에요." 였다. 그러면 기독교인 여부와 상관없이 "애 있으면 힘들어요. 어려도 힘들고 커도 힘들고..."라고 하거나 "요즘은 없이도 행복하게 잘 살더라구요."라고 말해준다.

어떤 손님은 애도 없이 부부간에 무슨 이야기를 하냐고 부부간에 재미있는 건 이제 다 해봤으니 애가 있어야 삶이 재미있다고 이야기하기도 했다. 하지만 우리를 비롯한 많은 부부들이 아이 없이도 재미있게 살아가는 것이 요즘이다. 가끔씩은 우리 둘 중에 나중에 죽는 사람은 지켜봐 주는 사람도 없이 외롭게 죽겠구나 하는 생각도 했었지만 나 죽는 거 지켜보라고 아이를 낳을 수는 없는 일 아닌가.

어쨌거나 아이 없는 삶도 괜찮다고 생각하고 생활의 모든 것을 둘만의 생활에 맞춰서 살고 있었다. 단둘이 살기 딱 좋은 시내의 오피스텔에서 편리한 생활을 만끽하던 어느 날이었다. 주일이었는데 교회 가려고 준비하던 아내가 이가 아프다고 했다.

그럼 내일 치과 가야겠네!

이가 튼튼한 편은 아니었지만 그 때문에 누구보다 열심히 치아관리를 하는 아내인데, 오랜만에 이가 아프다고 한다. 주말이라 교회 갔다 와서 맛있는 걸 먹으려고 했는데 이에 부담이 없는 걸로 먹어야겠다 생각을 했다. 교회 오가는 길에 운전을 하는데 며칠 전 생각이 났다. 같이 차를 타고 가는데 개념 없이 우리 앞으로 끼어드는 차가 있었다. 평소라면 '운전을 왜 저렇게 해, 진짜!' 하고 서로 맞장구치고 말 것을 아내가 정식으로 화를 내었다. 물론 문

11

열고 내려서 시비가 붙은 건 아니지만 평소보다 길게 역정을 내셨다. 그 일도 그렇고 이도 갑자기 아프다고 하고, 몸이 어디가 안 좋거나 요새 많이 피곤한가 하는 생각이 들었다.

아내는 저녁때 불현듯 몇 년 동안 수납장안에 묵혀 두었던 임신 테스터를 찾아내 사용을 했고 흐릿한 두 줄을 나에게 보여주었다. 하지만 우리는 10년차 부부다. 섣불리 기뻐하거나 서두르지 않는다. 임신이라면 과연 몇 주차일까 차분히 계산을 해 본 후 내일은 치과만 가기로 했다. 가서 임신일 수도 있다고 이야기한 후 치료를 받기로 한다. 산부인과는 아직 안 간다. 너무 이른 주차에 가면 착상이 되었는지는 알 수 있지만 아이가 너무 작아 아이에 대한 정보를 얻을 수 있는 게 한정적이라는 걸 경험으로 알고 있었다. 이미 나이도 많고 테스터도 오래되었고, 변수가 많기 때문에 차분하게 일을 진행하자고 서로를 진정시켰다. 산부인과는 아이의 심장소리를 들을 수 있는 9주로 추정되는 시기까지 기다렸다 가기로 했다. 우리는 무리하거나 충격을 가하거나 스트레스 받지 않도록 매사에 조심하면서도 평소와 똑같이 생활하였다. 어쩔 수 없이 아이에 대한 대화가 나오게 되었지만 대화의 마무리는 "아니라고 해도 너무 실망하지 말자."였다. 지금 와서 이렇게 쓰자니 갑자기 애틋해진다.

그리고 드디어 산부인과에 갔다. 우리는 10년 차 부부로서 평소와 다름없는 생활을 하고 있었기 때문에 평일 낮 시간은 매장 영업시간이라 나는 일을 하고 아내 혼자 병원에 갔다. 같이 일하는 친구에게는 그냥 병원에 간다고 했다. 병원에서 의사 선생님이 아가의 심장소리를 들려주셨는데 아내가 그 소리를 듣고 눈물을 흘렸다고 한다. 선생님은 깜짝 놀라서 "왜? 왜? 원하지 않는 임신이에요?"라고 물어보셨다고 한다. 2~3주 동안 조심스럽게 기뻐하던 마음이 한꺼번에 풀려서 눈물이 나왔나 보다. 인생은 이렇게 참 '뜻하지 않게'의 연속이다.

서로를 위한 기도

하나님, 생명은 하나님께 속해 있다는 것을 한 번도 의심하지 않았습니다. 생명을 지금, 이 상황에 주신 것도 하나님의 시간과 계획이라는 걸 받아들입니다. 기쁘고 기대되지만 무척 막막하게 느껴지는 것도 그대로 받아들입니다. 아이와 엄마와 우리 가족 모두가 건강하기를 정말로 원합니다. 아이를 통해서 이루고자 하시는 주님의 뜻이 이루어지기를 원합니다. 아니 복중에 아이를 통해 지금부터 이루어 가시는 하나님의 역사를 우리가 바라볼 수 있기를 원합니다.

그동안 아이라는 존재 때문에 속상해했었던 때가 있었습니다. 괜찮다고 했지만, 행복하게 잘 지내왔지만 아이가 없어 속상했던 우리의 순간순간들을 위로해 주시니 감사드립니다. 함께 고민하고 걱정했던 우리 가족들도 이제 위로해 주시고 아이와 함께 기뻐할 수 있도록 해주시길 기도합니다.

15

임당 검사와 대상포진

아이를 가지신 분들이 가장 신경 쓰는 것 중에 하나가 임당 검사라고 한다. 임신성 당뇨 검사로 평소에 당뇨가 없는 사람도 임신 중에는 당뇨가 올 수 있는데, 당뇨는 산모와 아이 모두에게 위험하다. 게다가 만약 1차 검사를 통과하지 못하면 2차 검사를 받아야 하는데 2차는 검사 자체가 힘들다고 한다. 1차 검사는 검사 전에 약물 한 병 먹고 한 시간 기다리다가 채혈하면 되는데 - 사실 그것도 임산부에게 쉬운 일은 아니다. - 2차 검사는 약물도 두 병을 먹어야 하고 채혈도 여러 번 해야 한다. 그래서 맘카페에 가면 임당 검사 1차에 통과하기 위한 눈물겨운 노력들이 수없이 올라와 있다.

아내는 원래 아침에 일어나자마자 뭘 먹는 스타일이 아니다. 정신 차리기 위해 커피 정도 마시고 1~2시간쯤 지나면 본격적으로 허기를 느껴서 무언가 먹는 그런 사람인데 배가 불러오기 시작할 무렵부터인가 아침 6시부터 배가 고프다고 했다. 고구마와 사과를 떨어지지 않게 사다 놓고 아침마다 먹었다. 오후에 매장이 좀 한가할 때는

16

매장 주변 맛집을 자주 방문하였다. 아이가 돌 지나기 전
에는 돌아다니는 것 자체가 힘들 테고, 돌아다닐 수 있다
고 해도 아이가 어른이랑 같은 음식을 먹을 수 있으려면
서너 살은 되어야 할텐데, 그때까지 맛집은 잘 못 갈 거니
까. 갈 수 있는 곳은 최대한 미리 가보자는 심정이었다. -
그런데 이렇게 아무 데도 못 가는 세상이 올 줄이야! - 기
회 닿는 대로 맛집에 다니며 행복한 나날을 보내고 있었
는데 병원에 갔더니 선생님이 다음 진료 보러 오는 날 임
당 검사를 한다고 하셨다. 아이는 주수에 맞게 잘 크고 있
는데 그래도 관리 잘 하시라고... 아내도 '올 것이 왔구나!'
하는 표정이었다. 그래도 배고픈 걸 어쩌겠나. 배고플 때,
먹고 싶을 때마다 먹긴 했지만 두 번 먹을 거 한 번은 참
고 한 번은 먹었다. 그러다 병원 가기 일주일 전부터 간식
을 확~줄였다. 식사만 하고 간식은 오전 오후로 먹던 것
을 이틀에 한번 꼴로 줄였다. 드디어 그날이 왔고 검사를
받았다. 결과는 몇 시간 후에, 이상 없으면 문자로 알려준
다고 했다. 병원에 갔다 온 그날은 아내는 집에서 쉬고 있
고 나는 매장에 있었는데 오후에 아내에게 문자가 왔다.
이전에 살던 집 근처 유명한 집에 딸기 케익 사러 간다
고…

17

　아내는 아이를 가졌으니 몸이 불었고 나는 그 옆에서 산해진미를 얻어먹다 보니 몸이 불었다. 진료를 가니 어느 순간부터 아이가 주수에 맞게 잘 자란다는 선생님의 말씀이 아이가 약간 크니까 관리하라는 말씀으로 바뀌었다. 아이가 너무 크면 출산할 때 고생한다고 해서 운동을 더 열심히 하기로 했다. 날이 꽤 추워졌지만 우리는 저녁에 나가서 걸었다. 버스 한 정거장 거리에 마트를 두고 전철로 두 정거장 거리의 마트를 걸어서 다녀왔다. 근처 대학 주변도 걷고, 남산과 해방촌 주변도 걸었다. 택시를 타야 하는 상황에도 한참을 걸어서 버스를 탔다. 그러던 어느 목요일 오후에 아내가 배가 아프다고 했다. 배 안쪽이

아니라 피부가 아프다고 했다. 겉으로 보기에 별 이상이 없어서 배가 부르다 보니 피부가 얇아져서 그렇겠거니 했다. 그런데 다음날은 통증이 더 심해졌고 빨갛게 되면서 수포 같은 것이 생겼다. 증상은 대상포진이었다. 하지만 당장 병원에 가봐야 별다른 수가 없었다. 집 근처 피부과와 통증의학과에 전화했더니 임산부라는 말에 해줄 수 있는 게 없으니 오지 말고 다니는 산부인과로 가라고 했다. 하지만 우리가 다니는 곳은 대학병원이라서 진료를 잡고 가야지 안 그러면 의사 선생님을 만날 수가 없다. 토요일 아침 아내는 너무 아파서 견딜 수가 없다고 했다. 우리가 다니는 병원으로 차를 타고 가면서 간호사실로 전화를 했다. 마침 그날이 공사 때문에 병동을 이동하는 날이어서 의사 선생님은 분만장에만 있다고 했다. 분만장으로 전화를 했으나 해줄 수 있는 게 없다고 했다. 그래도 너무 아프니까 할 수 없이 가던 길을 계속 가서 우리가 다니는 대학병원의 응급실로 갔다. 응급실에 계신 선생님은 대상포진이 맞고 임산부가 먹을 수 있는 약을 선택해서 준다고 하셨다. 응급실에서는 먹는 약을 바로 주고 피부과 외래 진료를 잡아주었다. 집으로 돌아오자마자 약을 먹었지만 고통을 줄어들지 않았고 수포는 심해졌다. 대상포진은 원래

2주는 아프다고 했다. 옷을 입기도 힘들고 뭘 덮어놓을 수도 없고, 아무것도 못하고 잠도 못 자며 며칠을 보냈다. 밤에는 아파서 울기도 했다. 그렇게 또 며칠을 보내고 피부과 진료를 받았다. 이번에는 붙이는 진통제와 연고를 처방받았다. 간호사실에 임산부가 사용해도 되는 성분인지 확인해보니 괜찮을 것 같은데 확실한 건 산부인과에 물어보는 게 확실하다고 한다. 무겁고 아픈 몸을 이끌고 산부인과로 갔다. 간호사실에 물어보니 우리 담당 선생님은 안 계시고 일반 외래 선생님한테 물어보시라고 하며 방 번호를 알려준다. 선생님에게 우리 사정을 설명하고 처방전을 보여드렸다. 아주 흔쾌히 괜찮다고 하신다.

피부과에서요, 이거 하고도 아프면 타이레놀 먹으라고 하던데…

네 타이레놀 하루 두 알 정도 드시는 건 괜찮아요.

아 네, 감사합니다!

감사가 저절로 나온다. 일어서서 나오려는데 선생님이

묻는다.

지금 몇 주차시죠?

지금 30주 차⋯

에이, 산모님 걱정 마세요. 애기 다 컸어요.

이런 한줄기 빛과 같은 말씀! 그런데 듣고 보니 허탈하다. 왜 응급실 선생님은 이런 이야기를 안 해주셨는가? 병원 앞 약국에서 처방받은 약과 타이레놀을 사서 집에 오자마자 진통제를 파스처럼 붙이고 연고를 발랐다. 이 붙이는 진통제는 환부에 붙이는 게 아니고 주변에 붙이면 혈관을 통해 약 성분이 이동해서 통증을 줄여 준다고 한다. 신기하다. 붙이고 나니 거짓말처럼 안 아프다고 한다. 아내는 그동안 '쌩'으로 참은 게 너무 억울하다며 울먹인다. 영화 속 전쟁 중에 마취 안 하고 수술하는 장면처럼 처절하게 아파했는데⋯하필 임신 중에 대상포진이, 아니 임신을 안 했으면 대상포진이 안 걸렸을 수도⋯

카페에 놀러 왔다가 이 얘기를 들은 교회 후배가 한 소
리 하고 갔다.

언니 좀 잘해 주세요! 대상포진이 웬 말이에요.

하나님의 약속

여호와는 너에게 복을 주시기를 원하며
너를 지키시기를 원하시며
여호와는 그 얼굴을 너를 향하여 드사
은혜와 평강 주시기 원하노라

여호와는 너에게 복을 주시기를 원하며
은혜 베푸시기를 원하시며
여호와는 그 얼굴을 너를 향하여 드사
은혜와 평강 주시기 원하노라

너를 보배롭고 존귀하게 여기시는 하나님이
네 삶 속에서 이 약속을 신실하게 이루시리
땅의 기름진 것으로 하늘의 신령한 것으로
너를 복 주시고 지키실 하나님이
너의 영혼 잘되도록 은혜 베푸시며
평강으로 인도하시리

(하나님의 약속 - 사.곡. 김석균)

　이 찬양을 처음 들은 건 이전에 이사를 자주 다닐 때 1년 가까이 다니던 교회에서였다. 예배가 끝날 무렵 목사님 축도 전에 이 찬양을 불렀었다. 또 이사를 하게되면서 그 교회를 오래 다니지 못하게 되었지만 이 찬양은 가끔 힘들 때 생각이 났었다. 서로가 많이 자라서 엄마 배가 꽤 불렀을 때 이 찬양을 몇 번 불러주었다. 청년 때는 하늘의 신령한 것만 있으면 된다고 생각했었다. 결혼하고 나서도 우리는 적게 벌면 적게 쓰면 되지 돈을 좇아 다니지는 말자고 했었다. 나이를 먹으면서 탐욕이 생기는지 땅의 기름진 것도 조금씩 욕심날 때가 있다. 서로가 오고 나서 보니 땅에 기름진 것들이 더 많이 눈에 들어온다. 지금도 어떻게 보면 기름진 것을 많이 누리고 살아가고 있는데 더 많이 기름지고 싶다. 하나님이 주시는 땅의 기름진 것도 누리며 감사하며 살아야겠지만 그것만을 위하여 살다가 하나님과 상관 없어지는 사람들을 너무 많이 보아왔기 때문에 조심하려는 마음이었다. 물질적인 것에 대하여 중도를 지키며 균형 있는 삶을 사는 것! 이것 참 어려운 건데 서로가 이 어려운 일을 잘 해냈으면 좋겠다.

잊지 말자 서로야! 하나님이 주시는 모든 좋은 것들을 마음껏 누리는 삶을 사는 것이 정말 좋은 일이지만 땅의 기름진 것을 너무 바라면 하늘의 신령한 것을 못 볼 수도 있다는 것을... 그리고 '땅의 기름진 것'을 우리의 기준으로 정해 버리진 말자.

　하나님은 서로를 지키시기 원하시고 복 주시기를 원하
신단다. 하나님은 서로에게 은혜와 평강을 주실 거야! 사
랑과 마음의 평화를 주실 거야! 서로는 하나님에게 보배
롭고 존귀한 존재이니까.

25

서로가 태어난 날

아이가 거꾸로 있네요. 다음 진료 때 수술 날짜를 잡아야겠어요.

아이 머리가 다시 아래로 갔어요. 자연분만해도 될 것 같아요.

다시 역아로 있네요. 이 날 수술 가능하시겠어요?

선생님 말씀이 갈 때마다 달라졌다. 선생님이 뭐 경험이 없으시거나 장난삼아 그러신 건 아니고 서로가 처해있는 상황이 달라졌겠지. 우리는 꼭 자연분만을 고집한 것은 아니다. 상황 봐서 수술해야 되면 하고 뭐가 되었든 순리대로 하자는 주의였는데, 선생님은 수술하자고 하시면서 좀 곤란해하시는 것 같았다. 병원에서 돈 때문에 수술을 권한다는 그런 말들을 의식해서 그러시는 건지, 선생님의 철학이 가능한 한 자연분만을 해야 한다는 철학이셨는지는 모르겠다. 어쨌거나 상황이 그렇게 되었고 서로는 수술을 해서 세상에 나오기로 했다. 주위에서는 수술 할

거면 좋은 날을 받아서 하라는 이야기도 했지만 우리는
지금까지 그냥 흘러가는 대로 왔으니 그날도 하나님이 정
해주신 적당한 날이라고 생각했고 그렇게 서로의 생일이
정해졌다.

　　드디어 서로가 태어나는 날이다. 나는 분만장 밖 대기
실에 앉아서 가족들에게 상황을 전하고 있었다. 그때 대
기실에 틀어져 있던 텔레비전에서는 계속 코로나19와 관
련된 뉴스가 나오고 있었다. 신종 바이러스가 중국을 시
작으로 점차 퍼져가고 있었지만 우리나라는 그래도 잘 막
고 있다고 하던 때였다. 하지만 그날 뉴스는 한 확진자가
대구 신천지 교회 예배에 참석하고 또 여기저기 다니며
활동하는 바람에 대구 경북 지역을 중심으로 확진자가 급
속도로 늘어 전국적으로 하루 1,000명 가까이 환자가 발
생했다는 내용이었다. 안 그래도 불안하고 초조한데 뉴스
의 내용이 흉흉하기 그지없었다. 우리 큰 누나가 일하고
있는 병원이었기 때문에 점심시간에 큰 누나가 내가 어
쩌고 있는지 보러 오면서 점심으로 먹을 만한 것들을 사
다 주었다. 분만장 전광판에서는 아들 딸 쌍둥이, 딸 아
들 쌍둥이가 태어났다고 축하하는 화면이 지나갔다. 점심

27

시간 동안 같이 있어 주던 누나도 가고 1시 반쯤, 전광판
에 아내의 이름이 뜨면서 출산을 축하한다는 화면이 나온
다. 그 화면이 나온 후 아이가 분만장 밖으로 나올 때까지
는 수 분 정도가 소요되는 것을 앞서 보았기에 마음의 여
유를 찾고 가족들에게 문자를 보냈다. 정말 수 분이었을
거다. 하지만 30분은 지난 것 같았다. 아내가 분만장 들어
가기 전, 어제 입원하면서부터 아기가 나오면 손가락 발
가락 확인하고 사진 찍어 놓으라고 미션을 주었기 때문에
나는 그 미션을 떠올리며 핸드폰 카메라 앱을 켜 놓고 분
만장 밖에서 서성였다. 얼마 지나지 않아 간호사 선생님
이 신생아가 실린, 분만장 밖에서 내가 계속 봐 왔던 그 카
트(정식 명칭은 난 모르겠다. 투명한 상자 안에 아기가 들
어있고 굴러가는 걸 보니 바퀴가 달려 있었겠지...암튼 그
거)를 밀고 나오셨다.

OOO산모님 보호자분!

네!

28

나오자마자 미션을 수행하려고 했는데, 사진과 동영상

은 찍을 수 있었지만 아이는 상자 안에 있고 보자기에 싸여 있어서 손가락 발가락을 확인할 수는 없었다. 나중에 들어 보니 손가락 발가락은 분만장에서 아가가 나오자마자 엄마에게 확인시켜 주셨다고 한다. 선생님의 여러 가지 질문들에 대답을 하고 선생님하고 같이 신생아실로 가서 또 간단한 절차를 거치고 내가 이 아이의 부모임을 표시할 수 있는 놀이공원 자유이용권 같은 팔찌를 엄마 꺼하나 내 꺼 하나 받아서 나왔다. 다시 분만장 앞으로 가서 잠시 기다리니 우리 담당 교수님이 나오셨다.

아기 보셨죠? 건강하게 잘 나왔구요. 산모는 처음에는 지혈이 잘 안돼서 힘들었는데 지금은 출혈은 다 잡았구요. 회복실에 계시다가 마취 깨시고 이상 없으면 병실로 다시 가실 거구요...

네. 네. 감사합니다!

아이는 신생아실로 갔고 아내는 회복실에서 자고 있고 혼자 다시 분만장 대기실 소파에 앉았다. 거기가 제일 한산해서 였다. 아까 찍자마자 정신없이 가족들에게 보냈던 아기 사진을 다시 본다. 요즘은 초음파에 더해 3D로 해서 아이의 얼굴을 배 속에 있을 때부터 또렷하게 볼 수 있다. 그런데 우리가 다녔던 병원은 대학병원이라 그런지 환자가 많아 여력이 없어서 그런지 그런 사진을 찍어 주지 않았다. 조리원을 알아보러 다른 산부인과를 방문했을 때 '아이가 배 속에 있어도 이렇게 또렷하게 얼굴을 보여줍니다.' 하는 광고 포스터에서 다른 아기의 3D 초음파 사진을 봤을 뿐이다. 우리 병원에서 준 사진은 전부 일반 초음파 사진이었고 "여기 얼굴 보이시죠?" 하시면서 준 사진은 얼굴인 건 알겠는데 어떻게 생겼는지는 전혀 짐작이 안되는 사진이었다. 그런데 이제 와서 보니 아기의 얼굴이 초음파 사진이랑 똑같았다.

병실로 돌아왔다. 이것 저것 정리하고 잠깐 쉬고 있는데 모르는 일반 전화번호로부터 전화가 왔다.

안녕하세요, OOO병원 분만장입니다.

순간 아내에게 무슨 일이 있나 싶어 깜짝 놀랐지만 아내는 깨어났고 아내의 전화를 분만장으로 갖다주면 아내에게 전달해 줘서 산모님도 전화를 사용할 수 있게 해 주시겠다는 고마운 내용의 전화였다.

산모님은 1시간 정도 후에 병실로 이동하실 거니까 나오실 때쯤 여기 분만장 밖에서 기다려주시구요, 전화기 전달해 드릴 거니까 산모님이 전화하실 거예요.

아내가 전화해서 목소리를 들으면 눈물이 날 것 같아 걱정했지만 아내는 전화를 하지 않았다.

1시간 정도 후에 아내는 무사히 병실로 돌아왔고 아직 움직일 수는 없었다. 나중에 물어보니 전화기를 간호사 선생님이 주셨지만 옆의 다른 산모들처럼 통화할 힘도 정신도 없었다고 한다. 화장실을 같이 가서 도와줘야 하는 프로세스가 있어서 보호자가 옆에 항시 있어야 한다. 아내는 수술을 했기 때문에 바로는 움직일 수가 없어서 나 혼자만 신생아실에 가서 아기를 보고 동영상을 찍어 왔다. 그때까지는 괜찮았는데 저녁에 신생아실 선생님이 오셔서 아기가 산소 포화도가 떨어져서 산소를 공급하고 있다고 하셨다. 위험한 정도는 아니니까 걱정하지 말라고

31

하고 가셨는데 아내는 울기 시작했다. 그 병원은 대학병원인지라 고위험군 아이와 산모 비율이 높았다. 6인실 병실에 있었는데 같은 방에 태어나자마자 중환자실로 옮겨진 아이도 있었고 출산 후 출혈이 심해서 다시 분만장으로 급히 간 산모도 있었다. 그런 상황만으로도 불안했는데 선생님이 오셔서 그렇게 말씀하시니 마음이 편안할 수가 없었다. 서로는 2~3시간 후에 괜찮아졌다고 했다.

서로를 위한 기도

세상은 한없이 어수선하지만 하나님께서는 생명의 일들을 계속 진행하시는 것을 봅니다. 우리에게 사랑스러운 생명을 맡겨 주셔서 감사합니다. 우리에게 맡겨 주셨지만 우리만의 아이라고 고집하지 않고 또 하나의 온전한 인격으로 인정하고 존중하면서 키울 수 있기를 원합니다. 아이가 아무것도 할 수 없는 지금 이 순간부터 존중하며 대할 수 있도록 지혜를 주시고 우리가 고집과 욕심이 생겨 아이를 우리와 동등하게 여기지 않으려 할 때마다 깨닫게 해주시기를 기도합니다. 또한 첫날부터 아이가 연약한 존재인 것을 다시 한번 생각나게 해 주셔서 감사합니다. 우리는 아무것도 할 수 없지만 우리를 언제나 사랑하시는 하나님을 신뢰하며 세상에게 평안함을 빼앗기지 않도록 도와주세요.

서로를 이 땅에, 저희에게 보내주셔서 감사합니다.

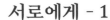

　　서로야 오늘은 네가 태어나고 처음 맞는 새로운 하루
였어. 서로를 세상에 나오게 하려고 엄마는 어제 수술을 하
셨어. 아빠는 어제 잠깐이지만 널 봤는데 엄마는 수술 때
문에 치료를 받아야 해서 널 엄마 배 속에서 나오자마자
잠시만 보고, 그 후로는 볼 수가 없었단다. 저녁에도 수술
한 곳이 너무 아파 움직이질 못해서 아빠가 널 보러 가서
찍은 동영상으로만 널 보았단다.

　　오늘은 엄마가 걷기 운동을 시작했어. 아니 운동이라
고 하기는 좀 그렇고 걷기 시작했어, 복도를 천천히... 너
는 지금 병원 신생아실에 다른 아가들과 같이 있어. 엄마
는 복도 바로 건너편 병실에서 치료받고 있고, 아빠는 엄
마가 잘 움직이질 못하니까 엄마 치료 잘 받을 수 있게 옆
에서 도와주고 있단다. 바로 복도만 건너가면 서로가 있
지만 너를 보러 가려면 병원에 허락을 받아야 해. 너와 네
친구들, 이제 막 태어난 아이들이 있는 곳에 어른들이 막
들락거리면 아이들한테 안 좋을 수 있거든. 그래서 서로
가 있는 방 선생님이 '아가 보러 오실 수 있어요.'라고 연락

해 줄 때까지 기다리고 있었어. 근데 선생님이 연락을 안 해 주셨어. 왜냐면 다른 엄마들은 아가한테 엄마 젖을 줄 때 아가들을 보러가면 되는데 서로 엄마는 아직 서로한테 줄 젖이 안 나와서 기다려야 되거든. 그래서 선생님이 다른 아가들한테 다른 엄마들이 젖 주시는 시간 먼저 챙기시다 보니까 아직 서로한테 젖을 줄 수 없는 서로 엄마한텐 미처 연락을 못 주셨나봐. 엄마랑 아빠가 선생님한테 먼저 연락을 했었으면 선생님이 '젖은 줄 수 없지만 몇 시에 오세요.' 하셨을 텐데... 엄마랑 아빠는 원래 누가 뭘 시키면 답답할 정도로 시키는 대로만 하는 사람들이거든, 그래서 처음에 기다리라고 하셔서 기다리고만 있었어.

근데 엄마는 서로가 너무 보고 싶었나 봐. 복도에서 걷기 운동을 하다 말고 네가 있는 방 앞에 계속 서 있었어. 아빠랑 둘이서 저기 저쪽에 멀리 보이는 아기가 서로인 것 같다고 이야기하면서... 아까 말한 것처럼 맘대로 네가 있는 방에 들어갈 수가 없거든. 그렇게 한참을 기웃거리면서 서 있는데 네가 있는 방에서 일하시는 분이 다른 일 때문에 잠깐 나오시는거야. 엄마가 그분이 볼일 다 마치시고 다시 그 방에 들어가실 때까지 그 앞에 서서 기다리더라구. 그리고 그분이 다시 들어가시려고 할 때 그분한 테 부탁했어. 서로 좀 보여달라고. 방금 말한 것처럼 엄마 가 원래 그렇게 하시는 분이 아닌데 서로가 그렇게나 보 고 싶으셨나 봐.

아빠는 서로를 창밖에서만 볼 수 있었지만 엄마는 너 랑 잠깐 같이 있을 수 있었어. 엄마는 널 만나고 오고 나 서는 걷기도 훨씬 잘 걷고 아픈 것도 많이 없어졌대. 내일 부터는 젖이 나올 수도 있고 안 나올 수도 있지만 젖 주는 시간에 불러주신다고 하셨어. 오늘도 엄마가 서로한테 젖 을 주셨대. 비록 아직 나오진 않았지만 서로가 젖을 빨고 나서는 트림을 했대. 얼마나 귀여웠을까? 빈 젖을 먹고 트 림하는 네 모습이 아빠가 본 것처럼 눈앞에 떠오른다.

서로야 지금 밖에는 무서운 감기에 걸린 사람들이 너 무 많이 늘어나고 있어. 새로 발견된 감기라서 예방 주사 도 없고 치료 약도 없어서 사람들이 많이 무서워하고 있 단다. 이제 이틀 밤만 더 자면 조리원으로 갈 거고 거기서 2주를 지내면 집으로 가는데 걱정이 많이 된다. 엄마나 아 빠가 그 감기에 걸려서 서로한테 옮길까 봐 그래서 서로

36

가 아플까 봐. 그래서 엄마 아빠는 하나님께 계속 마음속
으로 기도하고 있어. 빨리 이 무서운 감기가 없어지게 해
달라고 그래서 서로랑 엄마 아빠가 걱정 없이 집에도 가
고 할머니, 할아버지, 삼촌, 고모 만나러 갈 수 있게 해달
라고. 하나님이 누구냐고? 엄마 아빠와 서로를 만드신 분
이고 너무나 사랑하시는 분이야. 우리를 지켜주시는 분이
시지. 뉴스를 보면 너무 복잡한 마음이고 어떻게 해야 하
나, 잘할 수 있을까 걱정이 되지만 그래도 하나님이 우리
가족을 지켜 주실 거야.

서로 오늘 하루 어땠어? 너는 아직 밤낮 구별이 없어서
하루가 어떤 건지, 잠자고 먹는 것도 어떻게 하는 건지 잘
모르겠지만 옆에 친구들하고 즐거운 시간 보내렴. 잘 자
고, 엄마가 내일 너 보러 가실 거야. 아빠도 서로 보고 싶
어. 우리 빨리 퇴원하자.

퇴원 전날 밤

퇴원 전날이었다. 다음날엔 병원 근처 산후조리원으로 가야 했기 때문에 준비할게 좀 있어서 집에도 갔다 오고 이것저것 챙기느라 밤이 늦었다. 6인실은 너무 복잡해서 2인실로 옮겼고 옆 침대는 비어 있었기 때문에 편하게 간단한 간식거리를 사다가 먹고 치우고 있었다. 11시가 넘은 시간이었는데 신생아실 선생님이 우리를 찾아오셨다.

신생아 황달기가 있어서 지금 치료를 하고 있어요.

지금 상황이 걱정될 정도는 아닌데 내일 퇴원을 하는데 황달이 심해지거나 하면 안 될 것 같아서 일단 오늘 밤에는 치료를 해야 할 것 같다고 하셨다. 자세히 물어볼 겨를도 없이 아내가 울음을 터뜨렸다. 선생님이 당황하셨다.

애기들이 많이 황달이 와요. 그렇게 걱정하실 일은 아니에요.

선생님은 나에게 서로 엄마의 위로를 부탁하시고 돌아
가셨다. 아내가 신생아실 드나들면서 황달 치료하는 아이
들을 봤는데 옷을 다 벗겨서 기저귀만 채우고 투명한 통
안에 불 켜 놓고 넣어둔다고 했다. 그런데 그 불이 치료
를 하는 기능이 있는 불인 것 같은데 아이들 시력을 보호
하기 위해서 눈에 안대 같은 걸 씌워 놓는다고 했다. 태어
난 지 4일 밖에 안된 애기한테 그런 치료를 하는 게 너무
안쓰럽고 무서웠나 보다. 그리고 무엇보다 옆에서 지켜볼
수도 없으니 걱정되는 것이 당연했다. 그리고 황달이라니
너무 무서운 단어 아닌가?

아내를 위로해 주기 위해 일단 신생아 황달에 대한 정
보가 필요할 것 같아서 검색을 해봤다. 적혈구가 수명을
다 할때 나오는 어떤 물질이 변형된 것이 몸에 쌓이면서
아이의 피부가 노랗게 혹은 오렌지색으로 변하는 것을 신
생아 황달이라고 하는데 신생아의 60~80%가 이런 증상
을 나타내고 3~4일이 지나면 자연적으로 낫는다는 것이
다. 본래는 간에서 해독을 해 주어야 하는데 아기가 아직
어리기 때문에 간도 아직 기능을 하지 못해서 생기는 것
이라고 했다. 아이가 세상에 나와서 처음으로 수명을 다

40

한 적혈구들이 생겨나서 쌓이는 게 3~4일이 걸리는 모양
이다. 정말 걱정 안 해도 되는 거라고 검색 결과를 아내에
게 브리핑해 주었다. 아내는 일단 안심하는 듯 했지만 그
래도 안대를 하고 기저귀만 찬 상태로 통에 들어가 있는
아이를 생각하면 마음이 편치만은 않아 보였다.

　다음 날 퇴원을 위해 잠을 청했다. 나는 원래 잠자리가
예민한 편이라서 병원 보호자용 침대에서는 좀처럼 잠이
들지 않는다. 아내는 아무래도 아이 걱정이다. 황달도 그
렇지만 코로나 팬데믹 상황에서 조리원에 가도 되는가
도 고민이었다. 둘 다 뒤척이다 겨우겨우 잠이 들려고 하
던 차에 비어있던 옆 침대에 산모와 보호자가 왔다. 그리
고 간호사 선생님도 와서 이것저것 안내를 해 주신다. 잠

을 청해 보지만 어려울 것 같다. 새벽 2시 정도였다. 한밤중에 병원을 찾은 걸 보면 진통이 왔는데 바로 분만실로 갈 수 있는 상황이 아니라서 병실로 오셨으리라... 조금 후에 간호사 선생님인지 전공의 선생님인지 오셔서 오늘 밤은 이렇게 지내고 내일 상황을 보자고 하시는 것 같았다. 산모 분은 무척 괴로운 것 같았다. 남편분은 집안 어른에게 상황을 알렸는지 문밖에서 전화를 하고 들어왔다. 산모분은 여전히 고통스러운 소리를 내고 계셨다. 남편분은 아내를 좀 돌봐주고 챙겨주다가 옆 침대에 사람들 - 우리 부부 - 이 자고 있다는 걸 의식했는지 산모분에게 "적당히 해."라고 말을 했다. 나는 깜짝 놀랐다. '괜찮을까?' 나중에 물어보니 아내도 속으로 '뭐지?' 했다고 한다. 뭔가 표현이 적절해 보이진 않았지만 표현보다는 내용에 집중하시는 분들인지 산모분은 그 표현에 대해 크게 신경 쓰지 않는 것 같았고 그렇게 그날 밤은 지나갔다.

소리만 듣고 있었기 때문에 새벽에 오신 예비 엄마 아빠에 대한 정보는 거의 없었지만 그 말 한마디로 '아, 어린 부부구나!'하고 느꼈다. 그러고 보니 우리는 어리지 않은 부부였다. 우리 아버지가 내 나이일 때 나는 벌써 초등학

교 2~3학년이었고 우리 누나들은 둘다 중학생이었다. 요즘은 다들 결혼도 늦고 출산도 늦지만 내가 초등학생 때 한없이 어른으로 보았던 우리 아버지가 지금 내 나이였다는 것은 새삼 충격이다. 지금의 나를 진솔하게 돌아본다면 그리 어른스럽지 못하고 나만 아는 미성숙한 인간이다. 지금 나에게 중학생 딸 둘과 초등학생 아들이 있다면 그 아이들이 나에게 어떤 어른스러운 것을 느끼고 배울 수 있었을까? 남들보다 늦은 나이에 부모가 되는 것이 속상할 때가 있었다. 하지만 더 어릴 때 부모가 되었다면 훨씬 미숙했었을 것이라 확신한다. 성숙하지 못한 말과 행동으로 상처를 주고 어리석은 생각으로 스스로를 괴롭혀서 임신과 출산 기간이 지금보다 덜 행복했을 지도 모를 일이다. "적당히 좀 해." 같은 말은 내가 많이 썼던 말 중에서도 이쁜 말 축에 속할 것이다.

부모가 된다는 것은 여러모로 두려운 일이다. 소중한 아이가 아플 때마다 같이 아파하며 돌봐야 하고, 그 아이가 자라는 내내 어른의 모습을 보여줘야 한다.

44

서로를 위한 기도

하나님! 서로가 병원에 있는 동안 지켜주셔서 감사합니다. 이제 내일부터는 정말로 아이에게 생기는 모든 일에 저희들이 책임져야 함을 느끼고 두려운 마음도 생깁니다. 하지만 부족하고 연약한 우리들이 아니라 강하고 능하신 하나님이 서로를 창조하셨고 서로의 삶에 참 주인이 되어 주신 것을 믿고 의지하여 담대할 수 있게 도와주세요. 우리는 연약할 뿐임을 항상 잊지 않고 겸손하게 아이와 연결된 모든 일들에 마음과 정성을 다하게 해주세요. 지금은 부족하지만 아이에게 어른의 모습을 보여주는 부모가 될 수 있게 저희들의 속 사람도 성장시켜 주세요. 서로와 살아가는 이 땅에서의 전혀 새로운 삶을 기대하며 감사드립니다.

조리원으로

　감염병 대유행 시기, 생전 처음 만나는 조리원의 사람들에게 우리 세 가족의 건강을 맡길 수 있는가 하는 불안함이 있었지만, 다른 대안이 없었기 때문에 불안한 마음을 안고 조리원으로 갔다. 원장님이 오시더니 감염병이 유행하는 상황에서 이 산후조리원이 얼마나 외부 바이러스 차단을 위해 노력하고 계시는지 설명해 주셨다. 그러면서 아빠도 오늘 일단 조리원 문을 나서면 2주 후에 엄마와 아기를 데리러 올 때까지 출입을 자제해 달라고 했다. 그럼 아예 안 나가고 여기서 2주간 있을 수도 있냐고 물었다. 원장님은 그것도 괜찮다고 하셨다.

　모든 것을 조리원에서 다 해준다고는 하지만 아직 몸도 성치 않은 엄마가 혼자서 해 낼 수 있을까? 출산 후에는 감정 기복도 심하다고 하는데 내가 혼자 코로나가 유행하는 거리를 돌아다니고 아내는 어찌 보면 갇혀있는 것과 같은 방 안에 혼자 있으면서 마음이 어렵진 않을까? 그냥 차라리 내가 없는 것이 더 편하려나? 이런저런 생각을 해 보았다. 나가서 일하면서 조금이라도 벌어야 하지 않을까? 가게에 외국 손님도 종종 오는 데 내가 걸려서 가족들한테 옮기면 어떡해? 생각은 끝이 없고 결론은 망설여진다. 아내와 상의한 끝에 조리원 밖으로 나가지 않는 것을 선택했다. 2주 동안 우리 세 식구는 아내가 병원 진료를 다녀온 것을 제외하고 조리원에만 있었다. 원래 계획은 병원 입원 기간과 조리원 입퇴원 날은 같이 일하는 친구에게 양해를 구해 일을 쉬고 조리원에 있는 동안은 조리원에서 출퇴근하며 계속 일을 하러 나가는 것이었다. 전화를 걸어 가게에 안 나가도 괜찮을지 물었다. 늦게 딸을 얻은 마음이 끔찍할 텐데 병 옮길까 봐 두려워 하는 내 마음을 이해해 준 것인지 코로나 때문에 손님도 많이 줄었으니 알아서 해보겠다고 한다.

조리원에서 내가 2주 동안 있으면 심심하지 않을까 생각했었다. 그런데 시간이 참 잘 흘러갔다. 일단은 아침에 일어나서 수유를 한다. 모유가 아직 그렇게 많이 나오는 편은 아니어서 분유로 보충을 해주어야 하는데 그건 내가 하기로 했다. 아이도 엄마도 아직 익숙하지 않아서 아이도 힘들어하고 엄마도 수유를 하고 나면 온몸이 땀에 젖을 정도로 지쳐있었다. 나오는 젖을 물리기만 하면 되

47

는 줄 알았는데 적응하는 데 시간과 노력이 필요했다. 엄마 젖을 먹이고 아이가 그것을 먹는 것조차도. 그래서 모유 수유가 끝나면 내가 받아서 분유를 먹였다. 서로가 아직 표정도 없고 눈만 떴다 감았다 하기 때문에 모유든 분유든 수유할 때가 제일 귀엽다. 입을 오물오물하는 모습이 정말 귀엽다. 코로나 때문에 요가니 뭐니 하는 프로그램들은 거의 취소가 되었는데도 우리 밥 먹고 두시간 반마다 서로 밥 주는 것만 해도 하루가 꽉 찼다. 아이 목욕, 똥 쌌을 때 씻겨주는 것, 모유 보충할 분유 타는 것, 다 먹은 젖병 닦기와 소독, 우리 식사 준비와 엄마 빨래를 다 조리원에서 해주는데도 하루가 어떻게 지나가는지 몰랐다. 아이가 신생아실에 있다가 수유할 때만 오는데도 이런데 집에 가면 하루하루가 어떻게 지나갈지 감조차 오지 않았다. 경제적으로 엄청나게 여유 있는 삶이라면 조리원에서 한 6개월 살았으면 좋겠다는 생각이 들었다.

++ 나중에 보니 조리원 기간이 2주 혹은 3주인 것은 이유가 있었다. 산후조리원의 세팅으로 아이를 돌봐 줄 수 있는 기간이 딱 그 정도인 것 같다. 그 이후의 아이들은 가정의 세팅으로 키울 수밖에 없다. 신생아실에 줄지어

누워 있던 그 아이들이 다같이 잠투정하고 뒤집기하는 것을 상상해보자. 아이들을 조리원의 시스템으로 어떻게 감당하겠는가? 대신해 줄 사람은 없다. 철저하게 엄마 아빠 몫이다. 그게 하나님의 세팅이다.

목수의 이야기

산을 내려오는 바람과 같이
우리에게 불어온 그 하늘의 이야기
닫힌 우리 마음 자유케하던
그 나사렛에서 온 한 목수의 이야기

나와 같은 이도 복이 있다던
이전엔 한 번도 듣지 못한 이야기
우리 이마에 맺혀있는 땀들
친절히 쓰다듬던 예수님의 이야기

메마른 땅 위에 내리는 비처럼
흐르는 내 땀방울로 부는 바람처럼
나를 향하신 그분의 마음
널 사랑한다 참 귀하다

나와 같은 이도 복이 있다던
이전엔 한 번도 듣지 못한 이야기
와서 나의 마음 자유케하던
그 나사렛에서 온 한 목수의 이야기

나의 모든 짐 그 어깨에 지고 갈보리 향해가던
예수님의 이야기

(목수의 이야기 - 꿈이 있는 자유)

엄마 배 속에 있는 서로에게 매일 노래를 불러줄 수는 없고 배 속에서 들었던 소리를 나중에도 기억한다고 해서 서로를 위한 플레이 리스트를 따로 만들었었다. 그중에 아침에 일어나면 - 배 속에 있었기 때문에 서로가 일어났는지는 정확히 알 수 없었으나 엄마 아빠가 일어나서 움직이면 지도 잠 깨지 않았을까? - 바로 들려주던 찬양이 이 찬양이다. 전주의 피아노와 첼로의 선율이 좋아서 아침에 듣기에 좋은 찬양이다. 그리고 예수님의 생애에 대해서 그 생애가 우리에게 어떤 의미가 있는지를 알려주는 이 찬양의 메시지도 마음에 와닿게 잘 표현되어 있다. 서로가 커가면서도 이 찬양을 종종 찾아 듣는다면 좋겠다. 일단 차에서 들을 수 있도록 해 놓아야겠다.

서로야 엄마 아빠는 너를 사랑해! 네가 참 귀하단다. 그리고 엄마 아빠와 똑같은 이야기를 너에게 해 주는 분이 계셔. 서로가 살아가는 동안 항상 그 음성 들으면서 살았으면 좋겠다. 서로야 널 사랑한다. 서로야 너는 참 귀하다!

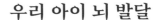

우리 아이 뇌 발달

나는 수년 전부터 사업자를 두 개 가지고 있었는데 하나는 카페고 하나는 출판사 사업자이다. 카페를 하는 틈틈이 책을 출판하고 있었다. 그중에 아동의 뇌 발달과 양육에 관한 책도 있었다. 이 책을 기획한 지는 꽤 되었는데 여러 가지 사정으로 늦어져서 서로가 태어난다는 것을 알게 된 후 마무리 작업을 하게 되었다. 막상 아이가 태어날 거라고 생각하고 책 작업을 하니까 예전하고는 좀 다른 느낌이었다. 그래서 아이를 키울 때 이 책을 항시 옆에 두고 참고하고자 한다.

뇌과학, 아동의 뇌 발달이라고 하면 처음 마주하는 단어가 뉴런, 시냅스 이런 것이다. 뉴런은 뭐고 시냅스는 무엇인가? 일단 나는 뉴런은 뇌세포, 시냅스는 뉴런 간에 정보 전달하는 끝부분? 신경 전달 물질? 통로? 정도로 이해하고 넘어가기로 했다. 책에서는 1,000억 개의 뉴런이 이미 태어날 때 뇌 안에 준비되어 있고 각각의 역할 분담도 어느 정도 되어진 상태라고 말한다. 그러니까 어떤 뉴런이 청각 부분을 맡고 어떤 뉴런이 후각 부분을 맡을지 업무분장이 된 상태라는 것이다. 그리고 뉴런이 많고 적음이 뇌 기능에 중요한 게 아니라 뉴런 간의 연결인 시냅스가 더 중요하다고 한다. 태아일 때도 뉴런들이 시냅스로 연결되어 있지만 그 연결은 느슨한 편이며 출생 후, 엄마 배 속에서보다 훨씬 직접적인 자극들이 뇌에 전달되었을 때 뉴런들 간에 확실한 연결이 이루어진다고 한다. 따라서 이때 - 출생 직후 - 적절한 자극을 골고루 받지 못하면 그 감각의 역할 분담을 맡은 부분은 시냅스 연결이 되지 않기 때문에 제대로 발달을 할 수 없다. 따라서 아이가 태어난 직후에는 적절한 자극이 중요하다. 그래서 오감을 모두 골고루 자극해 주어야 한다고 한다.

그래 좋다. 오감을 자극해 주자. 그런데 아직 미각은 자극이 어렵다. 아이가 맛볼 수 있는 건 모유와 분유로 정해져 있다. 미각은 6개월 후 이유식 할 때까지 기다리자. 시각은 아직 흑백 구분 밖에 안되고 겹쳐져 보인다니 이것도 100일 전까진 초점책 정도 보여 주는 걸로 하고 참자. 후각은... 이건 뭐 특별히 안 발달해도 되지 않을까? 특정한 직업군이 아닌 이상 가끔은 후각이 예민하지 않은 게 좋을 때도 있다. 일단 이건 보류.

남은 건 청각과 촉각. 엄마 배 속에서 느끼는 촉각은 엄마가 느끼는 것과 내가 느끼는 것이 구분이 안됐을 것 같다. 만삭사진 찍을 때처럼 아빠가 엄마의 배를 쓰다듬으면 아이도 느낀다고 하는데 아이는 그것을 엄마의 피부를 통해서 느끼게 되고 엄마의 피부가 닿는 것도 아빠의 손길과 같이 느끼게 될 것 아닌가. 그렇게 생각해 보면 촉각에 있어서는 태아일 때와 태어났을 때 비슷하지만 다른 느낌을 받아서 헷갈릴 수도 있을 것 같다. 많이 안아주어서 그 부분에 대한 헷갈림을 빨리 정리해 줘야 되지 않을까? 너무 많이 안아주면 버릇이 안 좋아진다고 하는데 그건 어른의 편의주의 시각인 것 같다. 요즘 나오는 책들은 대부분 많이 안아주라고 권한다. 그래 뭐, 안기는 게 좋은 걸 알아서 자꾸 안아달라 하면 안아주면 되지. 내가 평생 아이를 안아줄 수 있는 시간, 그리 길고 충분하지 않을 것 같다. 일단 나는 우리 아가의 뇌에 시냅스 연결이 잘 되도록 많이 안아주고 만져주기로 했다.

청각은 일단 노래와 찬양을 많이 불러 주어야겠다. 그리고 코로나가 잠잠해질 때까지는 서로가 엄마랑 아빠랑 24시간 같이 있을 것 같은데 엄마 아빠가 이야기하는 건 하루 종일 들을 수 있을 테니 다행이다.

그리고 아내와 내가 미리 정해 놓은 것은 TV와 스마트폰이다. 앞서 우리가 출판한 그 책에 보면 36개월까지는 미디어에 접촉을 안 하는 것이 좋다고 한다. 아이가 TV나 스마트폰에서 나오는 영상을 재미있게 보고 있는 것 같지만 36개월 이전 아기의 뇌는 그 자극들을 주체적으로 수용할 수 없다고 한다. 빠르게 지나가 버리는 자극들에 휘둘리고 있는 것이리라. 그래서 그런 자극들에 익숙해지면 일상생활의 자극과 학습들이 재미없다고 느낄 수 있어서 좋지 않다고 한다. 어떤 자극이던지 자극은 항상 더 강한 자극을 찾게 만들기 마련이다. 36개월까지 TV와 스마트폰을 보여주지 않고 지낼 수 있을까? 나는 서로랑 같이 야구 중계 보고 야구장 가고 하는 게 꿈인데, 야구 중계 보는 것은 3년이나 기다려야 한다니. 새로 이사 온 집은 야구장이랑 멀어서 너무 어릴 때 야구장 가는 것도 힘들 테고... 그래도 뭐 일단은 괜찮다. 그깟 공놀이가 중요한가? 아이의 뇌 발달이 중요하지!

++ 서로가 첫 생일을 맞이하려고 하는 지금쯤에도 서

로가 거실에 있을 때는 TV를 켜지 않는다. 스마트폰에도 자꾸 손을 대고 싶어 하는데 최대한 멀리 떨어뜨리려 하고 있다. 하지만 코로나19 때문에 교회를 못 가서 주일 예배는 서로가 있어도 거실 TV를 통해 (인터넷 연결로) 보고 있다. '하나님께 예배드리는 것은 아이의 뇌 발달에 악영향을 미치지 않을 거야!' 하는 믿음을 가져서 그런건 아니고 우리 교회 예배 영상은 다른 교회 예배 영상들과 비교해서도 특별히 더 정적이다. 거의 고정된 화면에서 약간의 움직임만 있기 때문에 특별히 과한 자극이 아이에게 갈 것 같진 않다. 아이도 처음에는 화면에서 뭐가 나오니까 집중해서 보지만 오래지 않아 딴짓하고 딴 데 보고 졸고 자고 한다. 정신 놓고 화면만 보고 있으면 안 보여 주려고 했는데... 그래도 일반 방송이나 유튜브 같은 것은 아직 안 보여 주고 - 우리도 못 보고 - 있다. 아내한테 아직 이야기하진 않았지만 나중에 상황 봐서 정적인 자연 다큐멘터리 같은 것은 잠깐씩 보여줘도 괜찮지 않을까, 혼자 생각 중이다. 유혹도 많고 쉽지 않은데 이제 2년 남았다.

서로를 위한 기도

하나님! 부모의 마음으로는 서로가 뛰어난 사람이 되고 남들보다 나은 사람이 되길 원합니다. 하지만 가장 먼저는 다른 사람의 마음을 헤아릴 수 있고 마음으로 함께 할 수 있는 능력이 최고인 아이가 되길 원합니다. 사람을 수단으로 여기고 어떻게든 남을 깎아내려 자신의 우월함을 과시하는 세상에서 상처받지 않을 수 있는 능력과 재력을 가질 수 있기를 원하지만 자신이 가진 것을 내세워 다른 이에게 상처 주는 사람은 절대 되지 않기를 원합니다. 하나님의 공의를 이루는 일에 주저함이 없으면서도 이것이 혹시 나의 의는 아닌가 늘 겸손하게 돌아보는 사람이 되길 원합니다.

무엇보다 바른 신앙고백이 있는 영혼으로 성장하기를 원합니다. 그러기 위해서 항상 엄마와 아빠가 먼저 '주는 그리스도시요, 살아계신 하나님의 아들'이라는 고백을 하루하루 삶을 통해 할 수 있어야 함을 잊지 않게 해주세요. 내가 정말 인류의 구원자이시고 하나님의 아들이신 예수님을 믿는 사람처럼 살아가고 있는가 늘 돌아보는 삶을 살기 원합니다. 서로가 보고 느끼기에 엄마 아빠가 입으로 시인하는 믿음과 살아가는 삶이 다르지 않도록 도와주세요.

우리 집에서의 첫날+첫 병원 진료

조리원에서의 마지막 날이 되었다. 드디어 집으로 간다. 다행히 날씨가 그렇게 춥지 않다. 조리원에서 아기 목욕 시키는 법을 비롯해서 수유할 때 주의할 점, 재울 때 주의할 점, 기타 등등 자세하게 설명해 주셨다. 조리원은 병원에서 길 하나만 건너면 되는 거리에 있었기 때문에 차를 타고 먼 길을 나서는 것은 처음이다. 아이가 집에 오면 필요할 것 같은 물건들은 병원에 입원하기 전부터 집에다 쌓아 두었다. 수유에 필요하다고 해서 주문한 물품, 누군가가 선물해 준 기저귀, 친구들이 모아준 아기 옷과 용품들이 방 하나를 차지하고 있었다. 그런데 한 가지 벙커 침대가 아직 도착하지 않았다. 일주일 전에 미리 주문했으나 배송 출발도 안 하고 전화도 받지 않아서 엊그제 다른 회사 걸로 다시 주문했다.

집에 도착했다. 아이를 침대에 바로 눕혀야 하는데 벙커 침대가 없어서 첫 스텝이 꼬였다. 친구가 유아용이 아닌 아동용 원목 벤치를 주었는데 거기에 이불을 깔고 임시 아기 침대를 만들었다. 서울시에서 출산 장려 선물로 보내준 역류 방지 쿠션도 옆에 두었다. 이제서야 서로를 바구니 카시트에서 꺼낸다. 한숨 돌리나 했지만 바로 수유시간이다. 누가 준 수유쿠션이 있는데 못 찾겠다. 일단 아이가 배고프니까 기존에 가지고 있던 쿠션과 베개를 이용해서 수유를 했다. 분유 보충을 위한 젖병은 조리원에서 우리가 쓰던 것을 챙겨 주셔서 그걸 사용했다. 조리원에서 서로가 먹던 분유도 한통 사 왔다. 우리가 준비한 새 젖병들과 집에서 처음 먹은 젖병을 닦아본다. 아이를 위한 젖병 세제, 젖병 전용 솔로 난생처음 젖병을 닦는데, 잘하고 있는 건지 모르겠다. 씻은 후 스팀 살균 - 스팀 살균기를 샀다. - 을 하고 온풍 건조 - 온풍 건조기를 샀다. - 를 한다. 애들 다 키운 친구에게서 얻어온 젖병 소독기에 넣고 램프를 켜서 살균을 시작했다.

이제 다 된 건가? 싶은 그때 엄청 배가 고프다. 아침 먹고 아무것도 안 먹었다. 집에 어른 먹을 음식은 하나도 없다. 라면을 먹으려고 해도 수유 중인 엄마는 안된다. 밖에 나가서 만두국이랑 김밥을 포장해왔다. 둘이 너무 배가 고파서 허겁지겁 먹었다. 엄마는 밖에서 파는 음식이라 그래도 신경이 쓰이는지 허기를 달랠 정도만 먹고 초인적인 힘으로 버텨냈다.

장모님도 병원과 산후조리원 면회가 허용이 안되었기 때문에 출산 후 산모도 아기도 한 번도 못 보셨다. 밥을 먹고 처가집으로 가서 장모님을 모시고 왔다. 버스와 지하철을 갈아타고 오셔야 하는 여정인데다 감염병이 유행하는 시기에 대중교통은 불안해서 차로 모시러 다녀왔다. 이제 뭔가 마음이 든든하다. 어른들이 먹을 수 있는 식량도 장모님 찬스로 냉장고에 든든하게 채워졌다. 그 사이 아내는 한 번 더 수유를 했다. 정말이지 수유하고 돌아서면 다시 수유를 해야 하는 빡빡한 일정이다.

어느덧 밤이 되었다. 서로가 두 시간 반마다 깨니 엄마도 아빠도 같이 일어난다. 신생아는 어떤 느낌인지 모르겠지만 어른 둘 다 자는 게 자는 게 아니다. 아이가 먹고 트림하고 재우는 시간, 잠들기 위해 준비하는 시간을 빼면, 정말 눈 감았다 뜨면 아이가 배고프다고 보채는 느낌이다.

무척 피곤하고 머리 아프고 암튼 곤란한 컨디션으로

아침을 맞았다. 오늘은 병원도 가야 한다. 서로의 첫 외래 진료가 있는 날이다. 남들은 조리원 막바지에 소아과 외래진료를 간다는데 우리는 월요일 퇴원이라서 그런지 조리원 나오는 게 일요일이 되었고 외래진료는 월요일로 잡혔다. 병원 퇴원하는 날은 그런 스케줄을 보면서도 뭐 집에서 병원으로 가면 되지 뭐 했는데 막상 당일 아침이 되니 엄두가 나지 않는다. 더군다나 일반 소아과 진료 말고 이비인후과 진료도 받아야 한다. 신생아실에 있을 때 청력검사를 하는 데 한쪽이 재검이 나와서 다시 받아야 한다고 했다. 그래서 소아과 진료 있는 날 이비인후과도 같이 잡아주셨다. "우리 병원이 원래 재검이 많이 나와요."라며 안심시켜 주시긴 하셨다.

일단 짐을 챙겼다. 서로가 태어나고 처음 챙기는 외출 가방이다. 기저귀 넉넉하게, 물티슈 큰 거 한 개랑 작은 거 한 개, 거즈 손수건 넉넉하게, 분유 넣은 젖병 3개, 끓인 물 담은 보온병, 끓여서 식힌 물 담은 보온병, 갈아입힐 배냇저고리 두 벌, 기저귀 갈 때 쓸 깔개와 만일을 위해 대비한 패드... 또 뭐가 필요할지 모르겠다. 일단 생각나는 대로 챙겼다. 아이를 바구니 카시트에 담았다. 이사한 후

62

거주자 우선 주차를 신청했는데 집근처에 빈 공간이 없었다. 15분 정도 걸어가야 하는 곳에 배정받은 우리 주차 구획에 가서 차를 가져 왔다. 아이와 아내를 싣고 출발한다. 늦게 일어난 것도 아닌데 이것저것 하다 보니 진료 시간까지 여유가 없다.

아침 시간이라 차가 막힌다. 병원에 도착하니 진료시간이 3분 정도 지났다. 아내가 일단 가서 접수를 하기로 하고 앞장서고 내가 아이를 카시트 채로 안고 뒤따랐다. 카시트는 차에 두고 아이만 안고 갈 수는 없었다. 대기 시간에 서로를 내려놓아야 하면 바구니 카시트에 놓고 수건으로 덮어 주려고 했다. 어제 집에 처음 갔고 너무 정신이 없었기 때문에 유모차가 있긴 하지만 서로가 탈 수 있는 준비가 안 되었다. 카시트 채로 같이 들고 가니 아무리 들고 다니게 만든 카시트라도 무겁긴 하다. 진료 조금 늦는다고 진료를 볼 수 없는 건 아니지만 순서가 뒤로 밀려 시간이 많이 지체되면 이비인후과 진료 때문에 곤란하다. 어린이 병동은 주차장에서도 한참을 가야 했다. 몸도 온전치 않은 아내가 뛰듯이 앞서가더니 코너를 돌아서 사라졌다. 나도 코너를 돌았더니 계단과 엘리베이터가 나온다. 밀폐된 공간은 아무래도 꺼림직하다. 계단으로 올라간다. 접수하는 곳으로 가니 아내가 땀을 뻘뻘 흘리며 서 있다.

대기자가 그렇게 많지는 않았다. 일반 소아과 진료를 받았는데 특별한 문제는 없고, 혹시 모르니 3개월 정도 지나서 엉덩이 위쪽 부분, 척추 끝부분에 초음파 검사를 해보자고 한다. 그쪽에 주름 모양이 약간 안 좋다고 했다. 초음파 검사 예약을 하고 소아 이비인후과 쪽으로 갔다. 아이가 배고플 시간이 거의 다 되었는데 일단 갔다. 갔더니 아이를 재워서 오라고 한다. 자고 있어야 검사할 수 있다고. 배가 차야 잘 것 같아서 수유실에 가서 기저귀를 갈고 수유를 했다. 처음 보는 곳인데다 엄마 아빠랑 아침부터 정신없이 이리저리 다녀서 서로도 흥분 상태인지 잠이 잘 들지 않는다. 엄마 아빠는 이미 충분히 지쳤고 집에 가고 싶다. 하지만 아직 멀었다. 검사받고 의사 선생님 진료까지 받아야 끝난다. 빨리 자자. 그래야 검사받고 집에 간다. 겨우겨우 잠이 들었다. 검사실에 가서 잠들었다고 말하니 순서가 될 때까지 다시 또 기다려 달라고 한다. 안절부절 못하면서 재웠는데 이제 또 깰까 봐 조마조마하다.

겨우겨우 검사를 하고 선생님을 만났는데 확실하게 정상으로 나오지 않았다고 정밀검사를 해보자고 한다. 그런데 정밀검사를 한다고 청각에 문제가 있는지 확실하게 알 수 있는 건 아니란다. 정밀검사를 하고도 알 수 있는 게 아니라니?

아이가 들려요! 안 들려요! 표현을 할 때 하는 것이 가장 확실하기는 한데 만약에 청각에 문제가 있는 상태로 그렇게까지 성장해 버리면 청각재활을 위해 손을 쓰는 게 너무 늦어지기 때문에 검사를 해야 한다. 정밀검사는 3개월 후에 하는데 아이의 몸무게에 따라 정해진 약의 양을 주입해서 재운 후 한다. 아이에 따라 잠이 안들 수도 있다. 그러면 아기한테 약을 더 넣을 수는 없기 때문에 그날은 검사를 못하고 돌아가야 한다.

계속 무슨 이야기인지 모르겠다. 몸과 마음이 녹초가 된 상태에서 이런 이야기를 들으니 뭔가 명확하지 않고 몽롱하게 들리면서도 이거 쉽지 않겠구나 하는 생각만은 뚜렷하게 올라온다.

그렇게 진료를 마치고 BCG(결핵 예방 백신)를 맞으러 갔다. 우리 때는 불주사라고 해서 맞으면 어깨 쪽 팔에 동그랗게 부어올라 자국이 남았는데 요즘엔 정사각형 모양으로 가로세로 열 맞춰서 옅은 점처럼 주사 자국이 있길래 이게 바뀐 거구나 생각했었다. 그런데 그것도 선택할 수 있는 거라고 했다. 이 병원에서는 예전처럼 어깨 쪽에 자국이 남는 주사 한 방으로 놔준다고 했다. 자국이 덜 남는 방식은 주사되는 양이 정확하지 않기 때문이라고, 자국이 옅은 네모로 남는 주사로 맞고 싶으면 다른 소아과로 가면 된다고 했다. 일단 왔으니 맞고 가야겠다는 생각과 주사액 정량이 확실하게 들어간다는 말에 두 번 생각 안 하고 맞고 가기로 했다. 그렇게 길고 긴 여정을 끝내고 집으로 돌아왔다. 엄마와 아이를 내려주고 우리 거주자 우선 주차구획으로 가서 차를 대 놓고 15분을 걸어서 다시 집으로 간다. 서로와 엄마는 또 수유를 하고 있겠지? 아직 오후 3시쯤인데 하루가 다 간 것 같다. 힘든 하루였다.

++ 3개월 후에 엉덩이 쪽 주름 초음파는 별 이상이 없는 것으로 나왔다. 하지만 청각 정밀 검사는 하지 않았다.

신생아 때는 서로가 잘 들리는지 안 들리는지 도통 알 수 없었지만 100일 지나고 나서부터는 잘 들린다는 것을 확실히 알 수 있었다. 잘 때는 작은 소리에도 민감하게 반응을 했고 옹알이도 개월 수에 맞게 하는 것 같다. 가끔씩 불안할 때도 있지만 좀 더 지켜보려고 한다. 역아로 태어난 아이들은 고관절 검사를 해야 한다고 해서 초음파 검사도 했고 얼마전에 X-레이 검사도 했다. 큰 이상은 없는 것으로 보이지만 두 돌 지나고 한 번 더 X-레이 검사를 하자고 했다. 그래서 이제 1년 동안은 큰 병원에 갈 일이 없다. 서로야! 언제가 되었든 큰 병원에는 정말 가지 말자!

서로에게 - 2

서로야, 너는 지금 역류 방지 쿠션에 누워서 편안하게 자고 있고 아빠는 네가 자는 걸 보고 있어! 혼자서 밝게 웃었다가 불쌍하고 억울하게 울먹이다가 썩소를 날렸다가 온 인상을 다 찌푸렸다가 온화한 미소를 지었다가... 온갖 표정을 다 짓는다. 꿈을 꾸는 거니? 태어나서 스무 밤째 자고 있는 서로는 무슨 꿈을 꿀까? 앞으로도 서로가 재미있고 이쁜 꿈 꿀 수 있도록 엄마 아빠가 늘 곁에서 함께 해 줄게.

우리는 어제 산후조리원에서 나와서 집으로 왔어. 그리고 오늘은 병원에 가서 청력 검사도 받고 소아과 진료도 받고 첫 번째 예방주사도 맞고 왔어. 너무 피곤하지? 엄마 아빠도 그래. 지금은 새벽인데 아빠는 널 데리고 나와서 마루 소파에 있어. 너는 지금 평균 두시간 반 만에 밥을 달라고 울곤 한다. 기저귀도 하루에 15번 정도 갈아 주어야 해. 아빠는 아까 저녁에 잠깐 잠을 자서 아직은 잠이 안 와. 아니 쫌 졸리긴 한데 아직 버틸만해. 그래서 서로가 좀 있으면 일어나는 걸 기다리고 있단다. 일어나면

기저귀 갈아주고 우유 주고 트림할 때까지 등을 토닥여
줄게. 서로가 잠들면 아빠도 잘 거야. 서로가 또 배가 고파
지면? 그때는 엄마가 일어나셔서 밥을 주실 거야. 아빠는
좀 이따 자면 못 일어나지 싶다. 엄마 말씀 잘 듣고, 맘마
도 잘 먹고, 트림도 빨리해서 엄마 힘드시지 않게 해드려
~

그런데 서로야 아빠도 이제 슬슬 배가 고프다. 새벽에
는 라면이 최곤데! 서로야! 나중에는 새벽에 같이 라면 먹
자!

69

행복한 육아가 가능한가요?

'행복한 육아'라는 말은 '행복한 전쟁'처럼 말이 안 되는 이야기인 것 같다. 조리원에서는 산모들이 밤에는 수유를 해도 되고 안 해도 된다. 꼭 하고 싶은 엄마들은 새벽에도 두시간 반 세 시간 마다 수유를 하고 몸이 안 좋거나 피곤한 엄마들은 조리원 선생님들이 분유를 타서 먹여 준다. 들은 얘기로는 조리원마다 분위기가 다르다고 한다. 어떤 조리원에선 새벽에도 수유를 꼭 하겠다고 아이 데려다 달라는 엄마를 유별난 엄마 취급하기도 하고 어떤 조리원에선 새벽에 수유 안 하고 쉬겠다고 하면 모성애 없는 사람처럼 쳐다본다고 한다. 물론 사실과 오해가 어지럽게 섞여 있는 말들일 테다. 어떤 누구도 산모가 어떤 선택을 하든지 판단하거나 비난할 수는 없을 것이다.

암튼 산후조리원을 나와서 집에 온 첫날 아내와 함께 두 시간 반마다 일어나서 아이에게 맘마를 주었다. 아내가 주고 나는 옆에서 필요한 걸 제공해 주는 방식이었다. 새벽 4시 반쯤 아이의 뒤척임에 눈을 떠서 수유를 하며 든 생각은 이건 비인간적이라는 거다. 사람은 기본적으로 숙면을 취해야 삶을 온전히 누릴 수 있다. 사람마다 숙면의 기준이 다를 수 있겠으나 확실히 이건 사람이 사람다울 수 있는 수면의 방식과 질이 아니다. 아이에게 온 신경이 가 있어서 잠자는 시간도 자는 게 아니다. 머리가 아프고 정신이 몽롱했다. 기적을 체험하는 사람은 6개월 만에도 아이가 어른처럼 밤새 잔다는데 그럼 최소 6개월은 이런 수면 생활을 해야 한다는 것인가?

우리 부부가 잘 아는 지인은 지금 아이가 돌이 조금 지났다. 신생아를 키우는 동안 모든 라면을 다 먹어 보았다고 한다. 밥을 차려서 먹을 수 있는 시간적인, 마음적인 여유는 없고 맨날 똑같은 것만 먹을 수 없으니 라면이라도 바꿔가면서 먹었나 보다. TV에서 보면 엄마들이 물에 밥 말아서 김치랑 먹는 모습이 자주 나온다. 그마저도 아이가 울거나 사고 치면 먹다 말고 뛰어가야 한다. 엄마들은 아이들 수유하고 이유식 해주는데 정성을 다하는데 정작 자기 밥은 못 챙겨 먹는다고 한다. 저기요 잠도 잘 못 자는데 밥도 제대로 못 먹는다구요?

이 세상에 거의 모든 좋은 것은 누군가의 희생을 바탕

71

으로 그 위에 꽃피울 때가 많다. 수많은 성공한 자녀 이야기의 배경에는 부모님의 희생이 있었다. 그중에서도 무능력하거나 폭력적인 아버지와 대비되는, 자식 때문에 희생하고 고생한 어머니의 이야기는 셀 수 없이 많다. 그런 이야기들이 너무 많아서인지 희생하고 노력한 어머니의 훌륭함을 기리는 것보다 별 희생 없이 고생 안 하고 자녀를 키운 어머니를 모성애가 없는 사람으로 여기는 분위기가 알게 모르게 생긴 것 같다. 그래서 내 세대부터, 더 어른 쪽 세대와 대화를 해보면 '엄마가 되려면 기본적으로 고생을 해야 하고 그것을 감수해야 진정한 엄마다.' 하는 생각을 엿볼 수 있다. 그럼 진정한 아빠는 어떤 아빠인가? 또, 엄마가 고생하고 자식이 성공하면 가족 모두가 행복한가? 아이는 부모의 모든 것을 배운다. 그리고 부모로부터 말이 아닌 삶으로 배운 것이 사는 동안 배운 것 중 가장 많은 영향을 미치고 오래간다. 자식을 위해 희생하는 모습을 가르쳐주는 것이 나을까, 자신의 행복을 찾아 누리는 것을 가르쳐 주는 것이 나을까? 서로는 성공하기보단 행복했으면 좋겠다. 나는 지금 비록 세상 기준으로 성공한 삶은 아니겠지만 나름 보람 있고 행복하다. 남들 앞에서 이야기 할 때는 그들이 불편하거나 신뢰하지 않을까 봐 '나름'이라는 단어를 붙이지만 내 개인적으로 돌아볼 때는 그 단어도 필요 없다. 물론 서로가 성공해야 행복할 것 같다고 하면 성공하라고 할 것이다. 하지만 내 삶으로는 세상 기준에 맞춰 성공하지 않고도 행복한 삶을 서로에게 보여주고 싶다.

아이가 곧 태어난다고 했을 때 열에 아홉은 "이제 고생이다."라고 말했고, 아이가 태어나자마자는 "지금이 이쁘지 사고 치기 시작하면 힘들다."라고 이야기했는데 나는 그런 말들이 참 싫었다. 아이와 함께하는 행복한 시간들, 아이가 성장하면서 겪는 당연한 과정들을 사람들은 왜 '고생 예고'로 표현하는 것일까? 행복한 육아를 해야 나중에 서로가 나한테 섭섭하게 해도 본전 생각이 안날 것 같아서 아내에게도 '지금' 행복한 육아를 하자고 이야기했다. 아이에게 줄 수 있는 최고의 교육은 엄마 아빠가 행복을 찾는 모습, 감사하며 누리는 모습일 거다.

감사하게도 지금은 둘이서 육아를 할 수 있다. 생업을 아예 포기할 수는 없어서 책 만드는 일은 틈틈이 하고 있지만 그 외 시간은 거의 아이와 함께한다. 하나님이 아이를 낳는 것에 엄마와 아빠가 필요하도록 세팅하신 것은 키우는데도 엄마와 아빠가 필요하기 때문인 것 같다. 업무량이 아무리 봐도 한 사람 분량이 아니다. 누가 봐도 꽉 찬 2인 업무량이다. 체력적으로도 힘들고 긴장한 상태로 계속 생활한다. 체력적으로 힘들고 스트레스가 지속되면 짜증이 날 수밖에 없는 것이 사람이다. 그래서 우리는 둘 중에 한 사람이 체력의 한계가 왔다 싶으면 우선적으로 휴식을 취할 수 있도록 조치한다. 의욕에, 사명감에, 피곤한 줄도 모르고 계속하다 이것저것 하다 보면 스트레스가 쌓이고 그러다 보니 아기를 안고 있다가 던져버리고 싶은 충동이 생기는 것이다.(서로야 오해하지마. 세상의 모든 엄마 아빠들이 한두 번씩 그런 생각을 한대... 너무 힘들어서...) 그래서 나와 아내는 항상 서로 - 아이 이름이 아니고 아내와 나 - 의 체력과 멘탈 상태를 체크하고 있다.

단언컨대 꿈처럼 행복한 육아는 불가능하다. 하지만 문득문득 행복을 느낄 수 있는 육아는 엄마 아빠가 어떻게 생각하고 행동하느냐에 따라 가능할 수도 있다고 믿고 있고 그렇게 하고 싶다. 그냥 우리끼리 그렇게 결심해 본다.

74

++ 엄마 아빠부터 행복한 육아를 결심하고 한 가지 실천한 것이 있는데, 밥은 엄마 아빠 둘이 같이 앉아서 먹는 것이다. 교대로 먹거나 하지 않고 아이를 옆에 따로 두고 먹는 것이다. 물론 경우에 따라서 갑자기 한 명이 급하게 먹어야 하는 경우가 생기는데 그래도 비교적 잘 지키고 있다. 서로가 아주 어릴 때는 자는 시간에 맞춰서 밥을 먹었고 잠을 자주 자지 않게 되고 나서는 모빌을 보게 해 놓고 밥을 먹었다. 처음부터 그래서 그런지 잘 참고 기다려 주었다. 이유식을 먹는 지금은 식탁에 같이 앉아서 치즈나 요거트, 과일이나 떡뻥같은 간식을 주면서 우리는 함께 밥을 먹는다. 서로가 간식을 먹기 좋지 않은 타이밍에는 간식 대신 장난감을 주고 가지고 놀라고 할 때도 있는데 그때도 많이 참아준다. 그러다 엄마 아빠 식사 시간이 끝나갈 때쯤이면 소리를 지르기 시작한다. 그 정도가 참는 것의 한계인지 우리가 다 먹어가는 걸 알아서 그러는지는 몰라도 감사하다. 안나까레리나의 법칙이라고 해서 불행해지려면 다른 것을 다 갖춰도 한두 가지만 갖춰지지 못해서 불행해진다고 하는 이야기가 있는데, 꼭 그런 건 아닌 것 같다. 가끔은 같이 앉아서 밥만 먹을 수 있어도 행복할 수 있다.

서로야, 솔직하게 말해서 아빠는 네가 오기 전까지는 이 세상이 허무하고, 하루가 별 의미 없이 흘러간다고 생각하는 날도 있었어. 그런데 네가 엄마 배 속에 있다는 사실을 알고 나서부터는 어떤 하루도 의미 없는 하루는 없었어. 어떤 하루든 너를 만날 날이 가까워지는 하루였거든.

지금은 코로나라는 무서운 감기 때문에 엄마 아빠가 일하러 나갈 수도 없이, 가족들도 친구들도 못 보고, 여행도 못 가고 집에만 있단다. 한 달이면 괜찮아지겠지, 석 달이면 괜찮아지겠지 했는데 벌써 2020년이 통째로 다 지나가 버렸어. 전 세계의 거의 모든 사람들이 이런 비슷한 생활을 했어. 돈도 못 벌고 하고 싶은 것도 못하고 2020년을 다 흘려보냈지. 그래서 사람들은 "올해는 망했다!", "올 한 해가 너무 허무하다."라고 하면서 한숨을 쉬고 있단다. 그런데 엄마 아빠는 그렇지가 않아. 서로 때문이야! 2020년은 서로와 만난 해이고 서로가 이만큼 자라난 한 해니까. 그래서 서로한테 엄청 고맙게 생각하고 있어. 올

해를 의미 있고 추억 가득한 한 해로 만들어 주어서!

서로야 앞으로도 엄마 아빠는 너 때문에 행복해 지려고 해. 사람들은 아이를 키우는 게 고생이라고 말한단다. "앞으로 어떻게 할래?", "쫌 더 커봐라 더 힘들다!"하면서 이야기하지만 의미 없이 힘만 드는 건 고생이지만 서로가 하나님 앞에 사람들 앞에 잘 자라주기만 한다면 우리에겐 보람이고, 보람된 하루하루가 쌓이는 게 행복 아니겠니? 그래서 우리는 너를 돌보면서 엄마는 아빠가, 아빠는 엄마가 힘들지 않도록 또 돌봐줄거야. 행복할 수 있는 날들이 고생스런 날들이 되지 않도록, 가끔씩 엄마 아빠가 널 챙기지 않고 자기들끼리 챙긴다고 오해하지 말길 바래. 엄마 아빠가 우선 행복해야 되니까. 그래야 너도 엄마 아빠를 통해서 행복해지는 법을 배우고 행복하게 살아갈 테니까.

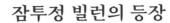

잠투정 빌런의 등장

조리원에서 나오고 집으로 처음 온 날, 병원에 갔다 온 다음 날은 정말 전쟁 같았지만 이후로는 차츰 안정을 찾을 수 있었다.

서로는 신생아이기 때문에 밤에도 두시간 반마다 식사를 하셔야 했고 우리는 당번을 정했다. 지금부터 오늘은 엄마가 내일은 아빠가 이런 식으로 딱 정한건 아니고 엄마 아빠의 생활 습관 차이에 따라 자연스럽게 생긴 리듬을 약간 인위적으로 조정했다. 내가 오후나 초저녁에 잠을 미리 좀 자고 난 후 새벽 2시 반 3시까지를 맡아서 아기방에 있다가 아이가 깨면 분유를 먹이고 트림을 시키고 다시 재웠다. 정상적인 성인의 생활리듬을 깨뜨린, 코로나 시대에 임시 자체 육아 휴직을 한 자영업자만이 가능한 일이었다. 그러면 아내는 9시나 10쯤 대충 정리를 마치고 잠을 청하고, 3시나 4시쯤에 아기방으로 옮겨와서 아이 옆에 졸다가 서로가 깨면 수유를 했다. 엄마가 아기방으로 오면 내가 안방으로 가서 잠을 잤다. 물론 같이 자다가 번갈아 깨서 수유하는 방법도 있었지만 나는 아이

가 칭얼거리는 소리가 거의 매번 들려서 아이랑 같은 방
에 있으면 수유는 엄마가 하는데도 내 잠이 깼다. 일하러
안가니까 덜 피곤해서 그랬나 보다. 게다가 나는 연속으
로 4~5시간을 자지 못하면 머리가 아프고 다음날 생활이
제대로 되지 않았기 때문에 차라리 깨어 이것저것 하면서
아기 옆을 지켰다. 누워 있긴 하더라도 최대한 잠들지 않
으려 했다. 좀 무식해 보일 수도 있지만 당시로선 최선의

선택이었고 금방 적응이 되었다.

'아! 이렇게 하면 되겠구나! 잘할 수 있겠네.' 하고 느낄 무렵이었다. 저녁시간, 아직은 엄마 아빠 둘 다 깨어 있었다. 엄마가 아이에게 젖을 물리고 내가 분유를 먹였는데 어제까지는 분유 먹으면서 졸다가 수유 끝남과 동시에 곯아 떨어지던 아이가 트림 시킬 때 갑자기 눈을 크게, 동그랗게 떴다. 잠깐 그러다가 잠들겠지 했는데 계속 눈을 뜨고 쳐다본다. 예쁘고 귀여워서 같이 눈 마주치고 놀았는데 시간이 좀 지나니까 칭얼거린다. 팔이 아프도록 안아서 달래준다. 좀 진정이 되어서 이제 내려놓는다. 바로 또 운다. 한참을 칭얼거리며 보채다가 이제는 팔다리를 파닥거리며 운다. 옆에 있다 맞으면 아플 정도로, 날아갈 듯이 파닥거린다. 어디가 아픈가 싶어서 열도 계속 재 보는데 열은 정상 범위 안에 있다.

검색을 해 보았다.

신생아. 잠 안 자고 울어요.

생후 25일쯤 잠투정을 시작한다고 한다. 맙소사 오늘이 25일째다!

50일 정도까지 심하게 계속되며, 안아주고 달래주는 수밖에 다른 도리가 없다...

청천벽력 같은 소리! 그래 그동안 너무 평온하게 지냈지... 검색해보고 나니 아기가 더 크게 우는 것 같다. 목을 가누게 되면 쓰려고 넣어두었던 포대기를 꺼냈다. 인터넷에서 누가 슬링이 효과가 있다고 해서 임시방편으로 포대기를 사진에서 본 슬링처럼 묶었다. 어설픈데 아이가 진정하고 잔다. 엄마 아빠 둘이서 정신이 몽롱했다. 워낙 우렁차게 울어대니 교대로 눈 붙이고 그런 건 불가능했다. 안고만 있으면 잠들던 아이가 잠을 안 자고 엉엉 우니 너무 당혹스러웠다. 로켓처럼 빨리 갖다주는 쇼핑몰에 슬링을 주문했다. 괜찮아, 육아는 템빨 - '육아는 아이템 빨이다.'의 줄임말. 상황에 맞는 육아용품이 구비되어 있으면 육아가 한결 수월하다는 뜻 - 이라고, 슬링이 다 해결해 줄 거야!

다음날 낮에 슬링이 왔다. 그냥 쓰면 될 줄 알았는데 아기 띠나 포대기처럼 모양이 잡혀있는 것이 아니라 흐물흐물한 X자 모양의 구멍 숭숭 뚫린, 폭이 한 뼘 반 정도 되는 매쉬 소재의 끈이다. 설명서에도 여러 가지 아이를 안는 자세가 나와 있어 복잡하다. 일단 세탁을 해서 건조 시켜 놓았다. 내일 아기가 울면 둘이서 설명서 보면서 해봐야지... 잠투정을 낮잠을 잘 땐 하지 않았다. 그래서 어젯밤의 혼비백산했던 경험을 잊고 어리석은 짓을 했다. 밤이 왔고 아이는 저녁쯤 수유를 하고 잠들었다. 오늘은 괜찮은가? 엄마는 어제의 여파로 피곤했는지 9시쯤 평소보

다 조금 일찍 잠이 들었고 나는 잠든 서로 옆에서 핸드폰을 하고 있었다. 10시쯤 서로가 배가 고픈지 칭얼댄다. 분유를 주고 트림을 시켰다. 이제 운다. 엄청나게 운다. 아 어쩌지? 슬링, 그래 슬링. 매시니까 다 말랐을 거야. 건조대에서 집어 들어 일단 내 몸에 끼웠다. 아이를 넣을 차례. 근데 아이가 들어가지 않았는데도 내 옷처럼 내 몸에 딱 맞았다. 나도 쓸 수 있게 큰 걸로 산다고 했는데. 늘어나니까 들어가겠지. 슬링을 늘려서 그 사이에 서로를 끼워 넣는데 불편한지 버둥거린다. 버둥거리니까 슬링이 말려서 끈처럼 되었다. 띠처럼 아이 엉덩이를 감싸 올려 주어야 하는데 그냥 끈처럼 돼서 아이를 받쳐줄 수가 없다. 아이를 안은 채로 누구한테 잡혀서 묶인 것처럼 되었다. 아이는 계속 버둥거리니 잘못하다간 아이를 떨구게 생겼다. 서로는 점점 더 크게 운다. 1시간 전에 자러들어간 엄마가 깨기 전에 진정시키고 싶다. 아이를 일단 기저귀 교환대에 눕혔다. 슬링을 다시 정돈했다. 아이 위에 엎드리듯이 몸을 숙여서 서로의 다리부터 끼워 본다. 슬링 X자의 만나는 부분이 아기의 엉덩이에 가도록 조절했다. 이제 이렇게... 안된다. 운다. 더 이상 안 들어간다. 크게 운다. 모 아니면 도다. 서로야 잠깐만 참어! 억지로 아기를 쑤셔 넣

는다. 울음이 터졌다. 온 동네가 떠나가도록 자지러지게
운다. 아내가 놀라서 달려 나왔다. 서로는 풀 파워로 울고
있고 나는 얼굴이 벌게져서 땀범벅이다. 아내가 받아안아
서 진정시킨다. 나도 소파에 누워서 진정 좀 해야겠다.

    서로도 나도 어느 정도 진정이 되었지만 아기는 아직
잘 생각이 없다. 나는 얼른 자고 싶다. 잠들자마자 불려 나
온 아내한테도 미안하다. 아내가 슬링을 몸에 두르고 둘
이 같이 아기를 넣었다. 엄마 몸에 찰싹 달라붙는다. 첨
에는 싫어하더니 조금씩 안정을 찾는다. 신기하게 잠이
든다. 오늘은 이렇게 지나가나요? '50일까지 심하게 지
속'...23일 남았다.

서로를 위한 기도

　서로가 이렇게 때에 맞게 성장해 갈 수 있도록 해주신 하나님께 감사드립니다. 하나님이 생명을 지으시고 세상에 보내시며 그 안에 심어 놓으신 그 신비한 원리들이 시간의 흐름과 함께 이루어지는 것을 바라볼 수 있게 해주심도 감사드립니다. 서로의 몸이 하나님이 예비하심과 계획하심에 따라 성장하는 것처럼 서로의 마음도, 서로의 꿈도 하나님의 뜻 안에서 정하신 스케줄에 맞춰 성장해 가겠지요? 저희가 부모로서 그 신비로운 성장을 함께 바라볼 수 있도록 해주실 것 역시 믿고 감사드립니다. 그 성장이 때로는 서로와 엄마 아빠에게 힘든 과정이 될 수도 있음을 잠투정하는 서로를 보면서 떠올리게 됩니다. 하지만 정하신 기간이 있고 이루실 때가 있음을 잊지 않는다면 '오늘도 이만큼 성장했구나!', '이루실 그때에 하루 더 가까워졌구나!' 하면서 감사할 수 있을 것 같습니다. 우리 가족이 그것을 잊지 않게 해주시고 잊더라도 오래지 않아 다시 떠올리게 해주세요.

시한폭탄 같은 잠투정

　이 잠투정이라는 것은 시한폭탄과 같아서 언제 터질지 몰라 조마조마하다. 어떤 날은 자고 있길래 화장실에 갔다 온다고 잠깐 나갔다 왔는데 갑자기 벌새가 날개짓 하는 것처럼 엄청 빠르게 팔을 파닥파닥 하더니 시작부터 엄청 큰 소리로 운다. 신생아용으로 잘 때 팔을 안 움직이게 하는 싸개 같은 걸로 싸뒀는데 너무 답답할까 봐, 또 어른 한 명이 옆에 있으니 한쪽 팔은 빼둔 상태였다. 나와있는 그 한쪽 팔을 파닥이는데 너무 힘차고 빨라서 정말 깜짝 놀랐다. 숨이 막혀서 발버둥 치나 싶어서 숨을 잘 쉬는지 확인하려는 찰나, 뺑~하고 터지듯이 큰 울음이 시작되었다. 급하게 안아올려 등을 토닥이며 진정시키는데 다행히 숨이 막힌 건 아닌듯했다. 조그만 아이가 한쪽 팔만 파닥이며 괴로워하는 모습은 평생 안 잊혀질 것 처럼 강렬했다. 그날 이후로는 또 그런 적이 없어서 그날 왜 그랬는지는 아직 밝혀내지 못했다. 자다 보니 배가 고팠고 물고 있는 쪽쪽이를 빨았는데 먹을 건 안 나오니 화가 나서 그랬나 하는 추측만 할 뿐이다.

잠투정을 매번 잠들 때마다 하는 건 아니었고 주로 밤과 새벽시간에 한 번씩 심하게 했다. 나도 이제 슬링에 어느 정도 익숙해져서 잠투정이 심해지면 엄마나 아빠가 아이를 슬링에 안아서 집 이곳저곳을 돌아다녔다. 잠들었나 싶어 침대에 눕히면 운다. 돌아다니지 않고 소파에 앉으면 운다. 불러주는 자장가나 발걸음을 항상 리드미컬하게 유지해야 한다. 잠이 들었어도 슬링에서 빼낼 때 깰 수가 있어서 슬링에 넣은 채로 소파에 한 시간씩 기대 누워 있기도 했다. 아이를 재울 때 조용한 음악을 이것저것 찾다가 양수 속 소리를 찾았다. 다양한 작곡가의 자장가와 현대 자장가, 엄마 아빠가 좋아하는 노래, 청소기 소리 같은 ASMR, 다 시도해 봤는데 양수 속 소리가 가장 효과가 있다. 조용한 자장가가 물소리 저 너머로부터 들려온다. 이것이 엄마 배 속인가? 나에게는 확실히 효과가 있다. 듣고 있으면 정말 곧 잠이 들 것처럼 정신이 아련해진다. 아기에게도 어느 정도 효과가 있는 것 같다. 하지만 안고 돌아다니는 건 해야 한다. 안되면 제자리에서 서성이기라도 해야 한다. 이것도 물론 서로가 기분 좋을 때다. 10번 중 8번은 움직이지 않고 제자리에서 서성거리는 것을 용납하지 않으신다.

잠든 아이를 눕힐 땐 군대에서 배운 야간 보행을 적용한다. 야간에 기도 비닉 - 무슨 뜻인지 기억이 안 나는데 조용히, 몰래 하라는 얘기였던 걸로 - 을 유지하기 위해 마른 나뭇잎을 밟아도 소리가 안날 정도로 천천히 움직이는 전술 보행이다. 아이를 눕히기 위해 천천히 무릎을 꿇는다. 나의 자세를 최대한 낮추고 서서히 아기를 이불에 눕힌다. 그러면서 귀에다 대고 일정한 리듬으로 숨 쉬는 소리를 들려준다. 등이 완전히 땅에 닿을 때까지 아기가 깨지 않았다면 등을 받치고 있던 손만 부드럽게 빼내면 성공이다. 깔끔하게 빼내지 못하고 아이가 조금 뒤척이더라도 당황하지 말자. 아이의 옆구리 - 모로 누웠을 경우엔 등 - 에 부드럽게 손과 팔을 밀착해서 토닥여 준다. 나는 손 전체를 사용해서 토닥토닥하면 오히려 아이한테 자극이 될까 봐 손 전체를 가볍게 올려놓고 손가락 한두 개만 사용해서 토닥여 준다. 리듬감 있게. 그리고 아이가 잠드는 모습과 숨소리에 맞춰 서서히 박자를 천천히 하다가 잠에 완전히 들어간 것 같으면 손을 가만히 멈추고 잠시 기다렸다가 손을 거둔다.

　　잠투정은 조금씩 아주 조금씩 나아졌다. 하지만 점점

좋아진 것은 아니고 어제는 비교적 수월했다가 오늘은 폭풍같이 몰아치고 내일은 또 괜찮은 편이고... 이런 식이었다. 아이가 잠이 들고나면 인터넷 검색을 해보는데 거의 검색어는 '통잠'이다. 모든 아기 엄마 아빠들의 간절한 소망, 아이가 밤새 깨지 않고 자는 것이다. 어른처럼 8시간은 자야 통잠이라고 하는 사람도 있고 5~6시간만 자 주어도 통잠이라고 감사해하는 사람도 있다. 엄마, 아빠라고 처음 말하는 거, 걸음마 하는 거, 이런 것들만 아기 키울 때의 자랑인 줄 알았는데 가장 큰 자랑은 통잠이었다. 비슷한 시기의 엄마들은 '어느 대학 들어갔어요.' 하는 것처럼 '어젯밤에 몇 시간 풀로 잤어요.' 하며 자랑하고, 부러워한다. 통잠자는데 물놀이가 좋다고 해서 아기용 수영장과 목튜브를 주문했다. 생후 50일부터 사용할 수 있다고 해서 미리 준비해 놓고 그날만 기다리고 있다.

아무리 힘들어도 약속의 50일은 다가오고 있었고 끝나지 않을 것 같았던 새벽의 집안 산책은 조금씩 조금씩 짧아지고 있었다. 처음에는 50일이 된다고 잠투정이 나아질까 했는데 정말 조금씩 좋아지니 감사할 따름이다. 밤 10시 즈음 수유를 하고 재우면 자는 시간이 3시간으로,

또 4시간으로 점점 늘어났다. 아이가 4시간을 자면 엄마 아빠도 그 옆에서 3시간이나 3시간 반은 잘 수 있으니 아침이 한결 가뿐해졌다. 그러던 어느 날 11시가 넘어서 서로가 수유 후 잠깐 보채다가 잠이 들었고 엄마는 안방에서 나는 서로 옆에서 잠이 들었다. 잠결에 다급한 발자국 소리가 들려서 눈을 슬며시 떴는데 아내가 놀라서 아기방 문을 열고 들어오는 게 보였다.

내가 안 일어나면 깨우지 그랬어?

응? 지금 몇 신데?

그때 시간은 5시 반이었고 서로는 소리에 반응하며 뒤척이고 있었다.

나도 잤는데

서로가 새벽에 우유를 먹지 않고 아침까지 잔 것이다. 서로는 아직 잠이 덜 깼기에 좀 더 자라고 두고 아내와 나는 수유를 준비하기 위해 손잡고 나왔다. 거실 창밖 멀리

90

북한산 봉우리에 아침햇살이 비치기 시작했다. 정확하게
서로의 생후 50일째 아침해였다.

++ 50일이 지나고서도 잠투정을 하긴 했지만 '내가 정
말 졸리다.'를 표현하는 정도였지 엄마 아빠 진을 빼도록
오래 하는 잠투정은 잘 안 했다. 대신 사람들이 흔히 말하
는 원더 윅스 - 많이 울고 보채서 부모를 힘들게 하는 시
기 - 가 가끔 왔는데 하루 종일 짜증을 내곤 했다. 그럴 때
면 아빠보다도 엄마를 계속 찾고 안아달라고 한다. 그렇
다고 안아준다고 바로 진정되지도 않는다. 다들 별다른
방법은 없고 크느라 그런가 보다 하며 참고 넘기라고 조
언해 준다. 서로의 원더 윅스는 1주일씩 가지는 않고 보통
하루, 길면 이틀 정도 추상같이 역정을 내실 때가 있다. 돌
이켜보면 이가 나려고 할 때 그랬던 것 같다.

아빠가 하면 좋은 육아

#1. 서로와 첫 1년을 같이 지내면서 잠투정 말고 한 가지 더 가장 많이 신경 쓴 것이 있었는데 바로 밥 먹고 트림시키는 것이었다. 신생아 때는 하루에 6번에서 8번까지도 먹고 트림시키고 하는 것을 반복해야 하는데 정말 하루 종일 그리고 밤까지 밥 먹이고 트림시키는 것을 반복해야 한다. 특히 밤에는 빨리 잠이 들었으면 좋겠는데 트림을 안 하면 속이 좀 탄다. 그리고 트림을 한번 했다고 해서 토하지 않는 것은 아니라서 우리는 보통 3회 정도 트림을 하면 안심하고 눕혔다. 그래도 토할 땐 토하더라만은... 서로는 7~8개월이 지나니 알아서 트림도 하고 토도 자주 안 하게 되었다.

아이가 토하는 것은 당연한 것이라고 하고, 막상 토하는 당사자인 아이는 그렇게 괴로워하는 것 같지도 않지만 부모 입장에선 아이가 토하니까 신경이 안 쓰일 수 없다. 혹시라도 넘어졌거나 머리를 어디 부딪힌 날 좀 많은 양을 토하면 신경이 곤두선다. 그래서 트림을 시원하게 해주면 그렇게 이쁘다. 다시 말하지만 아이가 토를 하면 모든 게 내 잘못인 것 같다. 그래서 아이는 하루에도 몇 번씩 토를 하지만 엄마 아빠는 '트림을 잘 시키면 괜찮겠지?' 하는 마음으로 트림시키는데에 온갖 정성을 기울이곤 했다. 트림을 시키는 자세가 몇 가지가 있는데 가장 기본적인 자세가 아이의 얼굴이 엄마 아빠의 어깨 위로 오도록 해서 등을 두드려 주는 것이다. 그리고 마주 보고 무릎에 앉혀서 한 손으로는 목을 받치고 등을 두드려 주는 방법도 있다. 나는 빨리 소화를 잘 시키라는 바람을 가득 담아 두 자세를 번갈아 취하면서 트림을 시켰다. 그리고 아무래도 안고 왔다 갔다 하면 위장이 움직여서 그런지 더 빨리하는 것 같았다. 하지만 온갖 방법을 다 써도 잠이 들어버린다든지 하면 트림을 좀처럼 하지 않았고 어떤 때는 한 시간이 넘게 등을 두드리고 있어도 트림을 하지 않고 넘어가기도 했다. 소리 없이 트림을 했는지 어쩐지는 모르겠으나 영 맘이 불편하다. 아무튼지 트림을 시키는 건 아빠가 맡아서 하면 좋다. 모유 수유를 할 때는 당연히 수유 끝나고 아빠가 아이를 받아오는 게 여러모로 좋고, 분유를 먹는다고 해도 아이를 들고 하는 일이기 때문에 손목이나 무릎, 허리가 안 좋은 엄마보단 아빠가 하는 게 낫다.

#2. 서로도 드디어 50일이 되었고 준비해 두었던 물놀이를 시작할 수 있게 되었다. 동그란 드럼통같이 생겼고 재질은 튜브 같은 그것이 서로의 첫 수영장이다. 아이가 섰을 때 목 정도 높이까지 물이 오도록 하려면 물을 300L 이상은 받아야 한다. 우리 집은 수압이 그래도 좋은 편이라 다행이다. 물 온도를 38도에서 40도 사이로 맞춰 놓고 서로를 전체 탈의 시키고 목 튜브를 끼운다. 입수하고 15분 정도 놀 수 있게 한다. 아이 한 명 정도 들어가는 크기이기 때문에 같이 들어가 놀진 못한다. 욕조가 있는 집이었으면 좋았겠지만 아쉽게도 욕조가 들어갈만한 크기의 화장실이 아니다. 처음에는 손을 놓으면 무서워해서 목 튜브나 아이의 손을 잡고 있었다. 나중에는 손을 놔도 재미있게 잘 놀았다. 이제는 잡아주지 않고 잘 노는지 옆에서 지켜보고만 있으면 될 것 같았다. 그런데 물장구를 치고 발을 구르니까 물이 튄다. 아이라 튀어도 조금만 튈 줄 알았는데 지금 당장 같이 계곡 가서 물놀이해도 될 정도로 힘차게 물을 튀긴다. 물을 튀기는 것은 좋은데 물이 귀에 들어갈까 봐 걱정이다. 귀에 물이 들어가면 중이염 위험이 있다고 들었다. 소아과 가면 매번 선생님이 귀에 카메라를 넣어서 괜찮은 지 봐주신다. 그러면서 우리들한테

는 괜히 귀 청소해 준다고 아기 귀에 면봉 넣지 말라고 항상 주의를 주신다. 귀가 항상 조심스럽다. 그래서 물이 너무 많이 튀거나 튜브가 뒤집어지지 않도록 손을 잡고 놀아주었다. 서로는 통안에 들어있고 나는 허리를 숙여 서로의 손을 잡아 주어야 한다. 아기 수영장의 높이가 내 허리 정도까지 오기 때문에 다른 곳이 아닌 딱 허리가 아플 만한 자세다. 5분 정도 지나면 허리가 아프기 시작한다. 자세를 이리저리 바꿔보지만 허리만큼은 계속 아프다. 15분이 지나면 비누칠을 해서 수영장에 다시 집어넣는다. 내가 들고 있고 엄마가 미끄러지듯 빠른 손놀림으로 구석구석 비누칠을 한다. 물속에서 겨드랑이 같은데를 조금 문질러 주고 다시 꺼내서 헹굼물로 몸을 헹구고 몸 닦고 로션을 바른다. 씻기는 것은 좀 간편해진 편이다. 근데 물을 받고 그 물을 또 비우고 수영장을 씻고 하는 일이 좀 번거롭다. 유별난 중이염 걱정에 허리도 좀 아프다.

보통의 경우 물놀이는 아빠가 같이 해준다. 우리 집은 더더군다나 욕조가 없어서 번거로운데 게다가 허리까지 아픈 상황이니 아내는 할 수가 없다. 아기 수영장이 깊은 편이라 팔 힘만 가지고 아이를 넣고 빼야 하기 때문에 여간 힘든 게 아니다. 그래서 내가 수영장을 전담으로 맡았다. 수영을 하고 나면 잠을 진짜로 잘 자는 것 같아서 100일까지 진짜 열심히 했다. 빼먹은 날은 다섯 손가락에 꼽을 정도였으니까.

#3. 엄마는 아이의 울음소리를 구별할 수 있다고 한다. 배고파서 우는지 졸려서 우는지 불편해서 우는지... 1년 정도 지켜봤지만 잘 모르겠다. 유튜브에 보니까 울음소리의 종류에 따른 아이의 상황에 대해 이야기하는 것도 있었는데 서로랑은 다른 것 같았다. 엄마가 아이의 울음소리로 아이가 왜 우는지 알 수 있다는 말은 아이가 지금쯤 뭐가 필요할지 예상할 수 있기 때문에 알아차릴 수 있다는 말인 것 같다. 물론 구별하시는 분도 있겠지만 우리는

틀린 적도 많았다.

아이가 왜 우는지 알려면 가장 필요한 게 언제 밥을 먹었고, 언제 기저귀를 갈았으며 자고 일어난 지 얼마나 됐는지를 알아야 한다. 아이와 항상 붙어 있는데 그걸 모르겠냐고 하지만 기록하지 않으면 모른다. 아이를 키우는 것은 같은 일의 반복이기 때문에 내가 기저귀를 갈아준 건 기억이 나는데 그게 아침 먹고 간 건지, 점심 먹고 간 건지 헷갈릴 때가 많다. 또 아이가 한 번씩 크게 울면 혼이 쏙 빠져버리기 때문에 시간이 얼마나 지났는지도 알기가 힘들다. 그래서 신생아 때는 아이의 하나하나를 다 기록해야 아이가 뭐가 필요한지 바로 캐치해서 서비스해 줄 수 있다.

남녀의 차이가 아니고 개인 차이겠지만 아무래도 엄마들은 그 상황 상황에 몰입해 버리는 경우가 많기 때문에 상대적으로 객관성을 유지하고 있는 아빠가 기록을 하는 것이 좋다. 물론 아빠가 상황에 빠져서 헤어 나오지 못하는 스타일이고 엄마가 침착성을 유지한다면 아빠가 아이를 돌보는데 몰입하고 엄마가 기록하는 것이 맞을 것이다. 요즘에는 스마트폰 앱이 좋은 게 많아서 기록하기 편하고 상황에 맞게 육아 정보도 제공해 주고 엄마 아빠 핸드폰에 각각 깔아도 같이 공유해서 볼 수 있어서 편리하다. 정말이지 수유하고 기저귀 갈고 재우고 하면 정신이 없어서 시계 보고 기록하는 것을 놓치는 경우가 많은데 신생아 때는 정말 기록이 소중하고 100일 때까지도 필수다. 8~9개월 지나가면 그냥 참고하는 정도로만 쓰게 되지만 그래도 데이터베이스가 구축되어 있으면 육아할 때 여러 가지로 쓸모가 많다. 괜히 딴 거한다고 엄마 성가시게 하지 말고 옆에서 기록만 잘해주면 그게 더 도움이 될 수도 있다.

++ 물론 육아는 같이 하는 거다. 육아로 인해 늘어난 집안일까지 포함해서 내가 해 '주는' 것도, 내가 '도와'주는 것도 아니다. 상황상, 성격상, 편의상 나눌 수는 있겠으나 비상시에는 누구 한 사람이 없어도 다른 한 사람이 차질 없이 모든 걸 할 수 있어야 한다. 그건 요즘 트렌드라기 보다 하나님이 그렇게 만드신 것 같다.

첫 외출과 백일

어느덧 서로의 백일이 다가온다. 출산 전에 생각하기로 원래 백일 사진은 다들 찍으니까 우리도 잘하는 사진관 가서 간단하게 사진만 찍기로 했었다. 그런데 코로나19로 어디가기가 무서워서 집에서 찍기로 했다. 아내는 다년간의 유치부 교사 경력을 살려 며칠 전부터 글씨를 파고 매장에서 쓰던 색지를 찾아내서 무언가 만들고 있다.

서로는 그동안에는 집에만 있었다. 3월까지는 아직은 추워서 집안에만 있었고 날이 풀린 다음에는 마당에만 잠깐씩 나가서 나무와 꽃구경을 했다. 오래된 단독 주택이라 넓지 않은 마당이지만 봄이면 꽃이 피는 나무 두 그루가 있다. 그것마저 없었으면 정말 답답할 뻔했다. 밖에 잠깐씩 나가 보면 갓난 아이들 데리고 시장에도 가고 다들 잘 돌아다니던데 우리는 엄마 아빠가 다 겁쟁이라 유모차타고 나가는 외출은 100일 지나면 시도해 보기로 했었다. 사회생활 안 하고 집안에만 있으니 더욱더 위축돼서 용기가 안 났던 것 같다.

서로의 백일 전날 드디어 외출을 감행한다. 백일 떡을 놓고 사진을 찍어야 하니까 떡을 사러 나가야 했다. 검색을 해보니 집 근처에 걸어가기엔 좀 멀지만 그래도 다녀올 수 있는 거리에 백설기 유명한 집이 있다고 한다. 창고에 접혀져 있던 유모차를 펼쳐본다. 서로를 태우니 처음엔 낯설어 불편해하더니 조금 움직이자 꿀잠을 잔다. 엄마 아빠는 오랜만에 제대로 바깥 냄새를 맡아서 기분이 좋다. 백일떡과 이것저것 '백일 잔치'에 필요한 것들을 사서 집으로 돌아왔다. 오랜만의 긴 외출이라 피곤하다.

다음 날은 아침 일찍부터 촬영 준비에 바빴다. 촬영 의상도 2종류로 준비했다. 메인은 화이트 컨셉에 강렬한 빨강을 추가로 준비했다. 거실 소파 자리를 다 치우고 거기에 식탁을 놓고 식탁보를 깔았다. 벽에 엄마가 오려낸 글씨를 붙이고 천장에 엄마가 만든 장식을 붙여서 사진에 나오는 높이까지 내려오도록 했다. 가장 관건은 사진을 찍는 동안 서로가 고개를 들고 있을 수 있느냐였다. 딱 사진 찍는 동안만 고개를 들고 있다 한 컷 찍고 고개를 떨구고 한 컷 찍고 고개를 떨군다. 엄마 아빠와 가족사진은 셀카로 대체한다.

사진 찍고 백설기는 나눠먹을 수가 없어서 냉동실에 바로 넣었다. 모바일 메신저로 가족들에게 사진을 전송하여 시공간을 초월한 백일 잔치를 치렀다.

++ 코로나19로 인해 친지들을 자주 볼 수는 없지만 그래도 가끔은 만난다. 그런데 우리 부모님은 외국에 계셔서 서로는 할머니 할아버지를 한 번도 대면하지 못했다. 모바일 메신저로 영상을 보내고 가끔 영상통화를 할 수 있을 뿐이다. 팬데믹만 아니었으면 할머니 할아버지 사랑 많이 받았을 텐데... 무척 아쉽고 서로에겐 미안하다. 서로야 기억해! 너의 앞니는 할머니를 닮았고 너의 뒤통수는 할아버지를 닮았단다.

101

기타 찬양 메들리

　서로가 마음대로 움직이지 못하던 - 포복처럼 기어 다니기를 시작하기 전 - 시절에는 기타를 치면서 찬양을 불러주면 나와 기타를 집중해서 번갈아 보곤 했다. 아직 밥 때가 아닌데 운다거나, 조금 있으면 밥을 먹어야 하는 데 자려고 할 때는 아이를 바운서 - 흔들흔들하는 아기용 의자 - 에 앉혀 놓고 기타를 치면서 찬양을 불러 주었다. 서로가 태어나면서 단독주택으로 이사를 왔는데 오래된 집이라 여러 가지 불편한 점이 있지만 맘껏 찬양을 해도 민원이 들어오지 않는 것은 장점 중 하나다. 중간에 끊어지면 불호령이 떨어지기 때문에 찬양 책을 넘기면서 닥치는 대로(?) 불러주었다. 서로는 좀 화끈한 성격인지 느린 찬양곡보다는 빠른 곡에 좀 더 집중을 잘했다. '왕되신 주께 감사하세' 라던지 '불을 내려 주소서' 같은 기타가 막 화려한 - 내가 기타를 화려하게 치진 못하나 아이에게는그렇게 들릴지도 - 소리를 내는 것을 더 좋아했다. 그렇게 30분 정도를 집중을 해 주었었다. 집중의 수준이 막 몰입해서 은혜받고 그런 건 아니지만, 크게 보채지 않고 지켜봐 주는 건 서로 입장에선 대단한 집중 아닌가?

++ 돌이 다가오는 요즘엔 앉혀놓고 기타를 치면 가만히 있지 않고 기타를 만지려고 하고 어쩔 땐 무슨 이유인지 울기도 해서 요즘은 둘이 하는 찬양집회를 하지 못한다. 하지만 좀 더 크면 또 다른 모습으로 찬양을 듣고 아빠와 기타를 쳐다 보겠지. 어느 정도 자라면 우쿨렐레와 드럼을 사줄 예정이다. 아내와 합의했다. 중고생이 되어도 같이 찬양할 수 있으면 좋겠다. 아이를 키우면서 찬양도 함께(?)할 수 있다는 거 감사한 일인 것 같다.

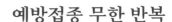

예방접종 무한 반복

어제 6개월 차 접종을 마쳤다. 2개월 차에 맞는 접종 3개를 4개월 차, 6개월 차에 똑같이 맞는다. 하나는 먹고 두 개는 한쪽 허벅지에 하나씩 주사로 맞는다. 주사를 맞는 게 불쌍하기도 하고 많이 울까 걱정도 되지만 부모들이 가장 걱정하는 건 접종 열이다. 특히 2개월 차 첫 접종 때는 아기와 부모, 모두 처음이기도 하고 열이 날 경우 3개월 미만 아이에게 해열제를 먹일 수도 없으니 병원에 가야 할 수도 있다. 애든 어른이든 열은 밤에 많이 나니까 그러면 응급실을 많이 간다고 들었다. (응급실은 그 분위기부터가 무섭다. 약간 애잔하기도 하고 많이 아프신 환자분과 가족들을 마주칠 확률도 높아 생각도 많아진다. 서로 때문에 응급실도 몇 번 가야 하겠지? 마음의 준비가 한다고 되는 게 아닐 거다.)

암튼 어제 6개월 차 접종을 하러 갔는데 간호사님이 오늘 두 개 맞고 두 개는 다시 와서 맞으시겠냐고 물어보셨다. 4개월 차에는 3개를 맞았는데, 6개월에는 B형 간염 접종 하나가 더 있다. B형 간염도 3번 맞는데 태어나자마

104

자, 1개월 차, 6개월 차다. 그래서 6개월에는 총 4개를 맞아야 한다. 사실 가기 전부터 고민을 많이 했는데 요즘 코로나가 다시 급격히 늘어나고 있어서 아이를 데리고 또 병원에 나오는 게 싫어서 한 번에 다 맞겠다고 했다. 고민을 했던 이유는 많이 맞아서 아플까 봐 그런 것도 있지만 결국은 접종 열이다. 서로는 2개월 차, 4개월 차에 예방 접종을 맞고 나서 열은 많이 오르지 않았다. 약간의 미열이 있었고 다음날 오후까지 약간 기운 없고 예민했지만 열이 38도 이상 많이 오르진 않았다.

진료실로 들어갔다. 선생님이 일단 처음에 먹는 거 하나 먹이시고 주사 세 개를 스탠 쟁반에 들고 나서셨다. 서로는 아직 아무 생각 없다. 엄마 아빠가 쫄았다. 선생님은 서로는 못 알아듣는 말을 엄마 아빠 들으라고 하셨다.

첨엔 조금 아픈 거~

주사 바늘이 허벅지를 찌르자 서로가 약간 움찔했고 입이 모서리가 둥근 네모 모양이 되었다.

이쪽 허벅지에 하나 더 놓을 게요. 이건 많이 아픈 거.

울음이 터졌다.

이건 진짜 아픈 거!

(서로가 내 성격을 닮았다면 분명 아픈 거부터 놔달라고 했을 거다. 점점 아픈 걸 놓는 건 비 인간적인 것 같다. 난 안 아프니 넌 점점 더 심한 고통을 당해보라는 듯...선생님이 아픈 거부터 놔주셨으면 그걸 또 비 인간적이라고 했겠지?) 서로는 세상 잃은 것처럼 통곡을 한다.

엄마가 안아 주세요.

엄마가 안으니 한 세 번 호흡할 동안 울고 금방 그친다. 수납하는데 간호사님이 "이제 돌까지는 접종 없어요~" 하셨다. 아! 감격적인 멘트. "독감주사는 다음 달 8일부터 놔드려요. 예약해드릴까요?" 돌까지 없다면서요... "서로는 두 번 맞으셔야 돼요. 한 달 간격으로." 없다면서요... 결국 다음 달에 또 가야 된다. 한 달 후에는 코로나가 좀 잠잠해

106

지기를 바랄 뿐이다.

　서로는 집에 오는 길에 차에서 잠이 들었다. 좀 더 자라고 동네 한 바퀴 드라이브를 하고 들어왔다. 이유식도 잘 먹고 낮잠도 오래 잤다. 아무래도 주사를 맞으면 힘이 없다. 열은 평소보다 조금 높은 정도? 목욕은 안 시키고 잘 시간이 되어 분유를 먹여 재웠다. 낮잠을 많이 잤지만 그래도 잘 잔다. 엄마 아빠도 씻고 좀 놀다가 잘 준비를 했다. 우리 자기 전에 마지막으로 열을 쟀는데 좀 높다. 엄마는 조금 있다 한번 더 재본다고 했다. 잠깐 잠이 들었다가 체온계 소리에 깼다. 38도가 넘는다고 했다. 엄마는 서로 옷을 벗기고 수건으로 닦아주기 시작했다. 새벽에도 좀처럼 열이 내리지 않아 어쩔 수 없이 사다 놓은 영유아용 타이레놀 시럽을 깠다. 서로가 처음먹는 약인가? 개월수로 하면 2.5ml를 먹여야 하는데 몸무게로 보면 3.5ml를 먹여야 한다. 처음 먹는 거라 많이 먹이는게 겁이 나서 2.5ml만 먹였다. 한 시간 가까이 지나니 열이 좀 내렸다. 그래도 아직 미열이 있다. 아이도 자고 엄마 아빠도 잠이 들었다.

　아침이다. 꿈같다. 서로는 계속 미열이다. 그래도 잘 먹고 잘 논다. 잠도 잘 잔다. 어젯밤에도 울긴 울었는데 자꾸 귀에 뭘 꽂으니까 귀찮아서 운 것 같다. 지금은 체념하고 귀를 대고 있다. 이쯤 되니 한꺼번에 하지 말고 나눠서 맞힐 걸 그랬나 싶은 생각이 든다. 독감 예방접종은 다음 달 20일쯤 한번 맞고 그 다음 달 20일쯤에 한 번 더 맞아야겠다.

++ 서로가 첫 독감 주사를 맞으러 간 날 우리나라 독감 예방 접종이 전면 중지되어 그냥 돌아왔다. 백신 유통상의 문제가 발견되어서 혹시라도 변질된 백신이 있을 수도 있다고 내려진 조치였다. 수많은 흉흉한 이야기들이 떠돌았고 한 달 이상을 더 기다려서 접종했다. 서로가 태어난 첫해, 정말 다사다난하다.

서로랑 대화하기

#1. 이제 제법 "엄마"를 엄마답게 한다. 며칠 전에는 외할머니가 왔다 가셨는데 가시고 난 다음날 혹시 외할머니 생각 안 나나 해서 물어봤다.

서로야 외할머니 안 보고 싶어? 외할머니 어디 있어?

이마하~

응? 인 마 핫? 서로 마음속에 있다고?

이맘때 부모들 다 똑같이 이러고 놀지 않겠어? 이제 혀도 자유자재로 낼름낼름 하는 것을 보니 머잖아 "진짜" 말을 하는 날이 오겠구나 막연히 생각만 하고 있었다. 그런데 오늘... 오후에 좀 보채길래 안아줬다. 그런데 이제 11kg 가까이 되시는 분을 4~50분 안고 있으니 아기 띠를 했어도 허리가 너무 아팠다. 아기 띠를 하고 안았다고 안 아픈 게 아니다. 그냥 안았을 때와 다른 부위가 아프고 못 버틸 정도의 고통이 천천히 올 뿐이다. 그래서 방바닥에

109

내려놓고 나도 그 옆에 털썩 앉았다.

서로야 아빠 허리 아파서 더는 안되겠어!

오늘은 이상하게 꽤 안아 줬는데도 자꾸 또 안으란다.
팔을 계속 뻗어 들어 올리고 내 무릎으로 올라오려고 한
다. 몇 번을 그래도 안아주지 않으니까,

나아나~~

한다.

응? 나 안아? 서로 안으라고?

이건 '인 마이 하트' 때랑은 느낌이 다르게 너무 말하는
것 같아서 깜짝 놀랐다. 바닥에 앉은 채로 안아주면서 한
참을 웃었다.

그런데 한편으로는 좀 두려운 느낌이 들었다. 오늘은
그냥 우연히 그런 옹알이가 나온 거지만 이제 곧 진짜로

자신의 요구를 이야기하고 나와 협상도 하려고 할 것이다. 또 하나의 인격, 또 하나의 세상이 나와 맞닥뜨리는 것이다. 내가 좋은 영향을 줄 수 있을까? 내가 말로 상처 주진 않을까? 아빠 밉다고 대성통곡을 하는 날도 있을 거고 내가 저 아이 말에 상처를 받기도 하겠지? 그냥 최선을 다할 수밖에 없는 거겠지. 객관적으로 한 발 떨어져서 보려고 노력하고 피곤해서 짜증 내지 않도록 체력도 잘 관리하고... 그런 수밖에 없는 거겠지?

#2. 아이가 이유 없이(모르는 이유로) 보챌 때, 잘 때, 분유를 먹다가 갑자기 안 먹고 버틸 때는 노래를 불러 준다. 나는 노래를 슬프게 부르는 편이어서 - 아내의 말에 따르면 나는 야구장에서 응원가도 구슬프게 부른다고 한다. - 특별히 밝은 멜로디와 가사로 구성된 노래를 선곡해야 한다. 요즘 들어 가장 많이 불러주는 노래는 커다란 꿀밤 나무 밑에서.

커다란 꿀밤 나무 밑에서 서로하고 나하고 정다웁게 얘기합시다 커다란 꿀밤 나무 밑에서

어제는 서로를 재우면서 이 노래를 불러주다가 울컥하고 눈물이 났다. 내가 이제 금방 늙을(?) 텐데 서로랑 얼마나 많은 이야기를 나눌 수 있을까? 서로가 초등학생이 되고 사춘기를 지날 텐데, 과연 아빠하고 정다웁게 얘기해 줄까? 지금은 세상에 만나는 사람이 엄마랑 아빠밖에 없으니 나를 보고 방긋방긋 웃어주는데 나중에 세상에 좋은 게 많고 친구들이 많아도 이렇게 놀아 줄 거니?

　　몇 해 전에 일과 관련해서 늦둥이 중학생 딸을 키우시는 분을 만난 적이 있다. 딸아이와 세대 차이는 없으신지 물어봤는데, 사이 아주 좋다고 같이 동네에 데이트하러도 많이 나가고 이야기도 밤새 한다고 하셨다. 그래서 내가 어떤 주제를 가지고 얘기를 많이 하시냐고 했더니 대답해 주시는 그 주제들이 중학생 아이의 관심사가 아닌 것 같았다. 우연한 기회에 그 집 아이와 친하신 분을 만나 아이는 아빠에 대해서 어떻게 이야기하냐고 했더니 '우리 아빠 그냥 좀 할아버지 같아요.'라고 했다는 이야길 들었다. 지나간 시절 일하느라 육아에 참여하지 못했던 중년의 아빠들, 이제는 아이와 공통 관심사를 찾을 수 없는 아빠들은 거의 다 착각 속에 살아간다. 내가 아이를 향해 가지고

112

있는 마음과 똑같이 아이도 나를 향한 마음이 있을 거라
고... 이제라도 같이 시간을 보내고 싶어 하는 아빠들에게
이제 다 커버린 아이들은 두 종류인 것 같다. 그냥 참고 아
빠 얘기 들어주고 장단 맞춰주는 아이와 '왜 저래?' 하면서
방으로 들어가는 아이. 서로랑 나랑 나이 차이가 40살이
넘게 난다. 벌써부터 걱정이다. 멋도 모르고 같이 놀아주
는 지금이 소중하다.

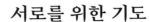

서로를 위한 기도

하나님, 서로가 하나님과 대화하는 사람으로 살아가길 원합니다. 하나님과 직접 대화했다며 세상을 혼란스럽게 하는 사람이 아니라 성경 속에서, 자연 속에서, 묵상 가운데 주님을 인격적으로 만나 하나님과 사귀어 살며 하나님을 닮아가는 사람이 되길 기도합니다. 하나님 바짓가랑이를 잡고 복을 달라고 떼를 쓰기보다는 하나님 내가 어떻게 힘든 사람들, 어려운 사람들에게 하나님의 위로를 전할 수 있겠냐고 물어보는 사람이 되었으면 좋겠습니다. 하나님과 대화하기에 하나님의 말투를 따라 하고 하나님과 호흡을 맞추는 사람이 되었으면 좋겠습니다. 서로가 외로울 때, 서로가 힘들 때 먼저 말 걸어주실 하나님. 그때 서로가 하나님께 잘 대답할 수 있게 엄마 아빠가 하나님에 대해 늘 이야기하도록 도와주세요.

이유식 일정 짜기

오늘은 서로가 이유식을 먹기 시작한 다섯 번째 달의 첫날이다.

서로는 4~5개월 무렵부터 하루에 네 끼를 먹기 시작했다. 아침에 일어나자마자, 낮 12시, 오후 4~5시, 자기 전, 이렇게 네 번이다. 처음 이유식을 할 때는 점심부터 시작을 했다. 두 달 동안 점심 수유하기 전에 쌀 미음을 주고 수유량을 조금 줄여서 주었다. 셋째 달과 넷째 달이었던 지난달에는 아침과 밤에는 분유만 먹고 점심과 오후에는 이유식을 먹고 분유로 보충했다. 이번 달부터는 아침, 점심, 저녁으로 이유식을 먹는다. 그런데 고민을 많이 한 것이 이유식과 수유 텀을 어떻게 정하느냐였다.

책과 인터넷을 찾아보면 이유식에 관한 수많은 정보들이 있지만 그걸 그대로 사용할 수가 없다. 빵 굽는 레시피라던가 무언가 DIY 하는 것은 스마트폰을 옆에 두고 하나하나 그대로 따라하면 되지만 이유식하는 방법은 그렇지가 않다. 확실하게 정해져서 나오는 것은 몇 개월 차에 하루 먹는 양이다. 하루 총량을 어떻게 나누어서 먹는가 하는 것은 아이마다 다르다. 한두 번씩은 시행착오를 거쳐가며 아이에게 맞는 방법을 찾아야 한다. 일주일 전부터 아내와 고민을 시작했다. 일단 앉아서 스마트폰을 보며 중얼중얼 계산을 해본다.

서로가 지금까지는 분유는 240ml... 이유식을 먹을 때는 이유식 150ml에 분유를 8~90ml, 합치면 240. 이렇게 먹었었는데...

근데 왜 이유식을 g으로 안 하고 ml로 하지? 이유식은 그래도 밥이니까 g이 더 정확하지 않은가? 처음에는 거의 묽은 미음이어서 ml로 했나? 아이의 위장 용적을 생각해야 하니 부피의 단위로 하는 게 맞나?

그러니까 다시, 이유식 양은 그대로 해서 횟수만 3번... 분유는 하루에 600ml를 주라고? 하루에 600? 지금까지는 240, 90, 90, 240먹었으니까 660? 다른 아이들은 7~800먹었나 보네! 아... 서로가 적게 먹었네! 이유식 세 번 먹으니까 지금처럼 이유식 먹고 바로 분유 보충한다고 치고 90씩 주면 270, 잘때 240주면 510. 아... 모자라네! 90ml 정도를 더 주어야 한다. 머릿속이 복잡해진다. 이면 지를 꺼내서 적어가면서 해야겠다.

근데 젖병이 240...잘 때 240주면 나머지가 360, 360 을 세 번에 나눠서 줘야 하니까 120씩 세 번? 이유식 먹고 바로 120이나 먹으면 배부르지 않을까?

아내가 검색해보니 분유를 바로 먹이면 위에 부담이 될까 봐 분유를 간식으로 돌려서 먹이는 집들도 많다고 한다. 이유식을 4~5시간 텀으로 주는데 그럼 이유식 먹고 2시간 지나고 분유, 또 2시간 지나고 이유식, 이렇게 될 수도 있는데 그럼 하루 종일 먹는 건데? 뭔가 신생아 때로 돌아간 느낌? 서로도 분유는 간식보다는 밥이라고 알고 있을 텐데... 그렇게는 안 하고 싶은데... 그래도 잘 때 빼 고 세 번 줄 때 120씩 줘야지 하루 수유량이 맞춰지는데, 너무 배부르겠지? 진짜 분유를 간식으로 줘야 되나? 그럼 또 몇 ml씩? 이렇게 저렇게 계산을 해봐도 뾰족한 수가 안 나온다.

고민에 고민을 하고 있었는데, 우리가 이야기하는 걸 들었는지 서로가 해답을 주었다. 아직은 이유식 중기 막바지, 이제 사흘 후면 후기를 시작해야 되는 날, - 보통 이유식 기간을 두 달씩 해서 초기, 중기, 후기로 나눈다. 후기 이후에는 완료기가 온다. 그러니까 넷째 달이 끝나갈 무렵 - 점심 이유식을 먹고 분유를 먹었는데 짜증을 낸다. '더 먹고 싶은가?' 일단 점심에는 달래서 넘어가고 저녁에 이유식 먹고 분유를 120ml 타 줘 보았다. 한 번에 다 먹었다. 이제 이 정도는 먹을 수 있나 보다. 그래서 고민이 끝났다. 이유식 세번 먹으면서 우유 600ml 먹는 계산이 딱 나왔다.

++ 얘가 우리 이야기를 듣고 있나 싶을 때가 있다. 백일 지날 무렵 수유가 힘든 때가 있었다. 먹긴 먹는데 자꾸 중간에 끊어서 먹었다. 수유하는데 30분에서 1시간이 걸렸다. 우리도 힘들고 애한테도 좋을 일은 없을 것 같아 대책 회의를 했다. 결론은.

내일부터 먹다가 빼면 잠시 시간을 주고 3번까지만 다시 물려보고 싫다고 하면 젖병을 치웁시다. 수유시간이

15분을 넘어가면 다시 권하지 않는 걸로!

신기하게도 서로는 그 다음날부터 15분 내에 목표량의
8~90% 이상을 먹고 수유를 끝냈다.

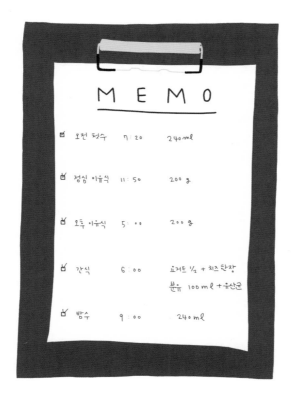

먹고 싶은 것만 먹을 거야!

겨울이 되니 해가 늦게 뜬다. 한량인 아빠와 어젯 밤 늦게까지 빨래와 집안 정리를 한 엄마는 늦잠을 자고 싶었지만 서로가 깨운다. 밖은 어두웠지만 일어날 시간이 되었다.

만들어 둔 이유식을 냄비에 중탕해서 데우는데 건더기가 크고 좀 뻑뻑해 보이긴 했다. 하지만 이유식은 하루하루 어른의 음식에 가까워져야 하는 것이 아닌가? 하는 생각으로 그냥 먹여보기로 했다.

이유식 먹는 의자에서 기다리다가 이유식이 오니 소리를 지르며 웃는다. 첨엔 잘 먹는가 싶더니 이내 혀로 건더기를 밀어낸다. 웩 하기 직전이다.

서로야~ 먹을 수 있어, 어제 먹은 거랑 큰 차이 없어~

이제 고개를 돌려서 안 먹겠단다. 어쩔 수 없이 뜨거운

120

물을 부어서 섞어주었다.

이제 어제 거랑 똑같지?

한두 숟갈 받아먹다가 또 고개를 돌려 피한다. 이유식 먹이기 난이도가 한 단계 높아졌다. 엄마에게 숟가락을 넘기고 이유식을 먹고 난 후 먹을 분유를 타러 갔다. 엄마가 먹이려고 하고 있는데 웩 하는 소리가 들린다. 지금까지 먹은 걸 세 번에 걸쳐 토해낸다. 양도 많다. 태어나서 지금까지 토한 것 중에 가장 많은 양이다. 옷이며 의자며 엉망이 되었다. 소화가 안돼서 토했다기보다는 삼키기 싫은 건더기를 혀로 밀어내려고 하다 보니 어른들이 손가락을 목에 깊숙이 넣고 토하는 것처럼 그렇게 되었나 보다. 물을 좀 더 타줄 걸 괜히 빨리 적응하라고 욕심부렸나 싶고 미안하다. 먹기 싫어하는 걸 나처럼 억지로 계속 먹이면 아이가 이유식을 거부할 수도 있다고 책에 나와 있었단다. 어른같이 먹이려다가 아예 이유식을 거부하는 사태가 올지도 모른다는... 엄마는 미리 만들어서 따로 담아 놓은 이틀 치 이유식을 다시 더 곱게 갈아서 한 번 더 끓인 후 다시 소분했다. 이유식 다시 하는 것처럼 번거롭다. 갈아서 다시 담는 것만 해도 설거지 거리로 싱크대가 꽉 찬다. 소화가 안된 건 아닌 것 같지만 또 토하지는 않을까,

121

어디 아픈 데가 있는 건 아닌가 하루 종일 신경이 쓰인다.

엄마는 며칠 전부터 서로에게 과자를 구워 주겠다고
했다. 친척분이 보내주신 고구마를 쪄서 마트에 주문한
유기농 멥쌀가루와 섞었다. 아이가 한 손에 쥐고 먹기 좋
은 크기로 만들어서 미니오븐에 구웠다. 딱딱하게 되었는
데 이걸 티딩 러스크라고 한다고. 아이가 잡고 씹으면서
간식도 하고 이가 나는 고통도 잊을 수 있게 하는 건가 보
다. 우리 저녁 먹으면서 하나 쥐여줬는데 엄청 집중해서
먹는다. 딱딱해서 금방 먹지도 못해 우리 밥 다 먹을 동안
계속 먹고 있다. 한참을 오물 거리더니 하나를 거의 다 먹
었다. 아침엔 이유식에 좀 건더기가 있고 뻑뻑하다고 토
하고 난리를 치더니 저녁에는 저 딱딱한 러스크 한 개를
해치웠다.

++ 나중에 보니 서로는 소고기가 들어간 이유식은 좀
뻑뻑하더라도, 먹을 기분이 아니어도 잘 먹었다. 먹다가
문제가 생긴 건 꼭 소고기 없이 닭고기가 들어간 이유식
이었다.

122

++ 정말 이유식은 보통 일이 아니다. 지인들 이야기를 들어보면 다들 이유식을 할 때마다 시판 이유식을 알아봐야지 결심하면서 이유식을 만들고 둘째 때는 시판 이유식을 먹일 거라고 다짐했다가도 어느새 열심히 이유식을 만들고 있는 자신을 발견한다고 한다. 우리 집만 해도 이유식을 할때는 주방이 손님 불러서 집들이하는 집 주방 같다. 밥도 솥밥으로 따로 하고 한우로 육수를 내고, 각종 유기농 채소를 (어릴 땐 줄기는 못 먹는다고) 잎만 따서 다듬고... 냄비며, 도마며 칼이며 그릇들까지 다 이유식 용으로 따로 사용하니까 설거지 거리도 엄청나게 많다. 그냥 이 말은 하고 싶었다. 이거 나중에 서로 보여줄 거니까.

아기 침대 업글

아기를 키우다 보면 집 근처 중고거래 어플이 필수다. 첫 구매 제품은 바구니 카시트. 신생아실에서 산후조리원으로, 산후조리원에서 집으로 이동할 때 필수품이다. 이후에도 100일 이전에는 차로 이동할 때 사용해야 하지만 신생아를 데리고 갈 곳은 병원 말고는 잘 없어서 몇 번 사용하지 못하는 아기용품 중 하나다. 내 아이가 처음 담길 카시트라서 새 걸 살까 생각도 했지만 아이가 거기 담기기 전에 배냇저고리 속싸개 겉싸개로 잘 감싸주니 내 아이가 카시트와 크게 접촉할 일은 없다. 바구니 카시트는 매물이 많은 편은 아니라서 미리미리 찾아보고 알람 설정을 해 둬야 한다. 1~2주 정도 기다려서 마음에 드는 물건을 좋은 가격에 만났고 거래를 했는데 역시나 새것과 다름없다. 세탁이 가능한 부분은 전부 분리해 세탁기에 넣고 빨았는데 비눗물이 덜 빠진 것 같아서 손빨래를 한 번 더 해서 사용했다. 코로나 때문에 나갈 일이 더 없어서 아직도 새것처럼 다락에 보관되어 있다.

서로가 50일부터 100일까지 썼던 수영놀이 세트도 이

걸로 근처 동네에 계신 분한테 팔았다. 중고거래를 하다
보니 뭘 샀을 때 박스를 잘 안 버리는 습관이 생겼다. 이사
를 많이 하던 자취 시절 있다가 결혼하고 없어진 습관이
었는데...

　오늘은 집 근처 중고거래를 두 건 진행하였다. 보통은
사는 사람이 파는 사람 있는 곳 근처에 오는 경우가 많아
서 파는 건 하루 두세 건도 해 봤는데 사는 걸 두 건 한건
처음이다. 그리고 똑같은 물건을 두 개 산 것도 처음이다.
오늘 구입한 품목은 아기 침대다. 그동안은 벙커 침대에
서 잤는데 벙커 침대는 놀이방으로 용도 전환되어서 거
실로 옮겨졌다. 벙커 침대는 산후조리원에 있을 때 주문
했는데 우리의 예산 범위 내에서 가장 큰 걸로 샀다. 그래
서 지금까지 서로가 자는 옆에서 엄마나 아빠 한 명이 같
이 잘 수도 있었다. 벙커 침대에서 혼자 자도록 하는 것이
우리 집안의 원칙이지만 밤에 잠들 때까지, 낮잠을 재우
다 우리도 졸릴 때, 새벽에 심하게 보채면서 엄마 아빠를
2~30분마다 찾을 때는 한 명이 옆에서 누워있거나 자거
나 했었다. 내가 자기에는 살짝 비좁아서 새벽부터 거기
서 자고 난 아침에는 몸이 상쾌하진 않았다.

125

아기 침대를 사려다 보니 좀 큰 사이즈가 필요했다. 서로가 일단 다른 아이들보다 크고 밤새 이리저리 굴러다니기 때문에 작은 침대는 비좁아서 불편해할 것 같다. 큰 아기침대가 필요해서 스웨덴 I사의 아기침대는 처음부터 고려 대상이 아니었다. 그런데 아내가 이것저것 찾아보다가 블로그에서 재미있는 걸 발견했다. I사의 아기 침대를 두 개 사서 붙여서 넓게 사용한다는 것이다. 가격으로 보나 면적으로 보나 지금까지 찾아보던 것들보다 나은 것 같았다. 중고거래 앱에 단골로 나오는 품목이니 중고로 두 개를 사면 더 좋을 것 같았다. 앱을 열고 검색해 보니 판매 중인것이 생각보다 많지는 않다. 가장 좋은 가격에 올려 놓으신 분에게 연락했다. 바로 사러 가기로 했다. 그때가 12시쯤이었는데 4시쯤 그분 집 앞으로 가기로 했다. 막상 하나를 쉽게 구하고 나니 오늘 안에 이걸 끝내고 싶어졌다. 두 개가 모여야 조립을 하는데 조립 안된 채로 집안 어딘가를 차지하고 있기엔 아기 침대지만 작은 체격은 아니다. 또 좋은 가격에 내놓으신 분에게 연락을 했더니 분해가 안돼서 SUV 차량 뒷자리를 접고 가져가야 한다고 한다. 우리 차는 작아서 실패! 아 시간이 없는데... 조금 높은 가격으로 올려놓으신 분이 있었다. 그런데 글 중에 눈

126

에 띄는 부분이 있었다. 이번 주 금요일 이사 가서 급하게 내놓습니다. 오늘은? 목요일! 이분도 오늘 안 팔리면 곤란하시겠는데! 조심스럽게 네고를 걸어보았다. 예상외(?)로 단박에 콜! 첫 번째와 동일한 가격으로 거래 성사! 두 분 다 우리 집에서 25분거리인데 방향이 반대 방향이다. 첫 번째 집에 갔다 와서 침대를 내려놓고 두 번째 집에 이어서 다녀왔다. 두 번째 집에 다녀올 때는 퇴근시간이랑 맞물려서 좀 늦었다. 아내도 서로 이유식 먹이느라 저녁을 못 먹고 있었다. 큰(물건)거래를 두 건이나 했더니 나도 피곤해서 밖에서 먹을 걸 사와서 먹었다. 먹고 나니 몸이 노곤하다. 서로도 곧 잘 시간! 조립은 오늘 못하겠구나. 그래도 이 정도면 보람차다.

서로의 남다름

#1. 서로는 안겨서 자는 걸 싫어한다. 신생아 때부터 6~70일 때까지는 안아서 재우고 잠이 들면 눕히는 방식으로 잠을 재웠는데 어떤 글에서 안겨서 자는 것보다 누워서 자는 걸 더 좋아하는 아이들이 있다는 글을 보고 눕혀서 재워 봤는데 잘 자는 것 같아서 계속 눕혀서 재웠다. 하지만 잠들기 전까지 누가 옆에 있긴 있어야 잠이 든다.

벙커 침대에서 재우다가 아기 침대에서 재우려니 잠들 때 옆에 있어 주기가 힘들다. 아무리 넓게 만들어 놨다고 해도 어른이 들어가 누울 수는 없다. 침대 밖에서 잠들 때까지 그저 지켜봐 줄 수밖에 없다. 울타리? 난간?이 가로막고 있어서 쓰다듬고 토닥여주는 것은 일어나서 침대 안쪽으로 허리를 굽혀 상반신만 안쪽으로 들어가야 가능하다. 허리를 직각으로 숙이는 자세가 되어서 오래 그렇게 해 줄 수는 없다. 그래서 창살처럼 되어있는 기둥들 사이로 얼굴 보여주며 말을 걸고, 손을 잡고 노래를 불러주며 재운다.

한 번은 잠이 든 것 같다가 다시 일어나 앉아서 울길래 달래주려고 침대 가까이로 갔더니 손을 뻗으며 안아 달라고 한다. 지금 안아 주면 다음에도 또 안아 달라고 할까 봐, 그럼 혼자 자기 싫어하는 버릇이 생길지도 모른다는 생각을 했지만 울면서 안아 달라고 하는 게 너무 가슴이 저려서 안아 주었다. 왼팔에 머리와 목을 대고 오른팔로 다리 쪽을 받치고 자라고 살살 흔들어 주었다. 금방 눈을 감고 잔다. 그렇게 하면서도 잘하는 짓인가 고민하고 있었는데 서로가 갑자기 몸을 쭉 뻗는다. 응? 불편해? 두 번 세 번 계속 불편한 듯이 몸을 뻐팅긴다. 왜 이러나 싶어 다시 침대에 눕혔더니 그대로 바로 잠에 빠져 버렸다. 괜한 걱정을 했다.

++ 아이를 돌보면서 집안일을 하려면 업는 것만큼 좋은 자세가 없을 것이다. - 사실 나는 스마트폰으로 야구 보기 좋을 것 같아서 - 서로가 목을 가누기 시작하면서부터 여러 번 업기를 시도했지만 계속 거부했다. 업는 것을 싫어하는 아이인가 했지만 어느 날 갑자기 엄마한테 업혀서 잘 잔다. 심지어 잠들 때의 필수품인 쪽쪽이가 없어도 잠에 빠져 버린다. 그런데 내가 업으면 불편해한다. 아직

129

까지 그 이유를 모르겠다.

#2. 예전에는 우량아라는 말을 썼었다. 지금은 안 쓰는 말이고 무슨 말인지 모르는 사람도 있을 것 같다. 내 기억에 예전에는 우량아 선발 대회도 있었다. 새마을 운동이니 하는 걸 하던 시절이었겠지? 못 먹고 힘들었던 시절 발육이 좋은 아이를 뽑는 대회였던 것 같다. 서로는 처음 영유아 검진받으러 갔을 때 키와 몸무게가 또래 아이들의 94%, 머리둘레는 그 이상이었다. 몸무게를 잴 때 측정을 해주시는 간호사님과 받아서 적어 주시는 간호사님이 계셨다.

서로 8kg요.

네? 서로요?

네 8kg요

받아 적어 주시는 간호사님이 다시 한번 확인을 하셨다. 몸무게를 적어야 하는 차트에는 서로의 개월 수가 적

130

혀 있었을 것이고 대략 그 월령에 예상되는 몸무게가 있었을 텐데, 서로가 그걸 무시한 몸무게를 자랑했나 보다. 검진 결과 설명해 주실 때 선생님이 계속 엄마 아빠가 다 키가 크시니까 괜찮다고, 몇 번이나 이야기해 주셨다. 머리둘레는 아빠를 닮아서 그런 것 같은데 서로한테 미안하다. 암튼 서로는 지금 키가 많이 커서 식탁 밑에 들어갔을 때 똑바로 서면 머리가 닿아서 식탁 밑에선 서서 놀지 못한다. 처음 손을 짚고 일어섰을 때부터 그랬다. 서로는 평생에 한 번도 식탁 밑에 서 본 적이 없는 아이다.

#3. 서로가 배 속에 있을 때 나와 아내는 서로가 흔히 말하는 X통, 돌+I 일 거라고 확신했었다. 우선 엄마와 아빠가 모두 그런 성향이 있는 데다 배 속에서의 움직임이 남달랐기 때문이다. 앞서 이야기한 대로 수술하기로 했다가 자연분만하기로 했다가 다시 수술을 한건 서로가 계속 돌아다니며 위치를 바꿨기 때문이다. 3.5kg 짜리가 그 좁은 엄마 배 속에서 어떻게 그렇게 돌아다닌건지... 그런만큼 태동도 심상치 않았다. 우리는 첫 아기라 태동은 원래 이 정도인가 했지만 출산 경험이 있는 아내의 친구들도 아내의 배를 만져 서로의 태동을 느껴본 후 모두 우리

애는 이 정도까지는 아니었다고 했다. 영유아 검진 때 선생님이 다른 아이들 보다 몸무게가 많이 나가서 뒤집기가 좀 늦을 수도 있는데 커서 그런 거니까, 괜찮으니 걱정하지 마시라고, 엄마 아빠 다 키가 크시니까 괜찮다고 하셨는데 서로는 개월 수에 맞게 뒤집은 거 같다. 그런데 뒤집는 영상을 친가, 외가 양쪽에 모두 보내드렸는데 양쪽에서 같은 반응이 왔다. 서로가 뒤집기를 할때 다리를 뒤로 뺏다가 앞으로 차면서 반동을 이용해서 뒤집는다는 것이다. 잘 몰랐는데 다시 보니 그렇다. 원래 애들이 다 그렇게 하는데 할머니들이 괜히 그러시나 해서 유튜브에 영상 몇 개를 찾아봤는데 반동을 이용하는 것 같은 애기는 잘 없었다. 엄마 아빠 둘 다 운동 못하는데 서로는 운동 잘하려나?

내 모든 삶의 행동 주 안에

서로는 이제 혼자서 짝짜꿍을 할 수 있다. 옹알이도 이제 랄랄라 정도는 할 수 있다. 짝짜꿍도 옹알이 랄랄라도 둘 다 길게 할 순 없지만 그래도 이 정도면 때가 되었다. 아빠로 말할 것 같으면 예전에 자란 교회에서 10년 동안 중등부 찬양인도를 했던 사람이다. 랄랄라와 박수가 가능하다면 '내 모든 삶의 행동 주 안에'를 시작하자.

눈빛이 졸린 눈빛이라 낮잠 좀 자라고 방에 들어가 침대에 눕혀놨더니 안 자고 안아 달라고 한다. 바닥에 누워서 서로를 배 위에 올려놓고 '내 모든 삶의 행동 주 안에'를 틀었다. 1절을 모두 듣더니 반복하니까 손뼉도 치고, 라랄라 하는 부분에서 옹알이도 한다. 이런 영적인 아이가! 이 찬양이 원래 좀 그렇지만 이 팀도 엄청 반복하신다. 찬양이 끝날 때까지 서로랑 나랑 같이 손뼉 치고 라랄라 하면서 따라 했다. 손뼉 치고 라랄라 할 때마다 안고 흔들며 "잘했어~~!" 해주니 웃으면서 잘 따라 한다. 그래서 한 번 더! 맨 앞으로 돌렸다. 한두 번 따라 하더니 눈을 비비면서 자꾸 눕는다. 쪽쪽이를 물리고 눕혔더니 바로 잔

133

다. 자면서도 외우라고 옆에 누워서 라랄라를 속삭여줬
다. 남들과 다르게 빠른 자장가를 좋아할 수도 있겠다. 지
쳐서 잠드는 것 같아서 일반적인 의미의 자장가는 아니지
만 들으면서 잠들면 자장가지 뭐.

서로의 놀이.

#1. 오늘은 많이 보채는 날이었다. 하도 난리 난 것처럼 소리를 지르고 고집을 부려서 뭔가 새로운 시도를 해야겠다고 생각을 했다. 우선은 프린터로 별 모양과 하트 모양을 출력했다. 그리고 모양대로 오려낸 후 다 쓴 두루마리 화장지 심의 한쪽 편에 붙였다. 스마트폰 손전등 기능을 켜서 휴지심 반대편 동그라미에 갖다 대니 벽에 별 모양, 하트 모양이 나타난다. 자유롭게 움직일 수도 있고 크기 조절도 되니 생각보다 괜찮다. 서로도 잘 봐준다. 한 30분을 그러고 놀았다. 저녁을 먹고 씻기고 나서 한 번 더 그림자놀이를 해주려고 안방에 들어와서 불을 껐다. 너무 어두운데 강한 빛이 있으면 안 좋을까 싶어서 수면등 두 개를 켜고 그림자놀이를 시작했다. 그런데 아까하고는 다른 양상으로 전개된다. 벽면에 비치는 별 모양 보다 내가 쥐고 있는 스마트폰과 휴지심에 더 관심을 가진다. 자꾸 내 팔을 만지면서 내놓으라고 한다. 결국은 휴지심을 뺏겼다. 별 모양을 손가락으로 만져보고 눌러 보고, 손길이 너무 거칠어서 빈곤하게 만들어진 나의 그림자 교구가 위태하다.

서로야! 아빠가 오후 내내 만든 거야, 그래도 며칠은 갖고 놀아보자. 응?

　내 이야기는 전혀 듣지 않고 별 모양 구멍을 후벼 파는 데 집중하신다. 아니야 이건 아닌 것 같아. 휴지심을 숨겼더니 울기 시작한다. 다른 걸로 아무리 달래도 울기만 한다. 도저히 감당이 안 돼서 엄마가 들어와서 안아 거실로 다시 데리고 나갔다. 검색해 보니 유명 회사의 그림자놀이 세트, 4,000원이라고 한다. (결국은 나중에 풀세트로 샀다.)

　#2. 서로는 책을 가지고 논다. 다른 장난감을 많이 안 사줘서 그런지 책이랑 노는 시간이 많다. 책을 자세히 보지는 않고 책장 넘기기 놀이를 하는 것 같다. 아직 잘 찢지

는 않는데 유난히 좋아하는 책 한 권은 테이프로 계속 보
수를 하는데도 여러 번 찢어버렸다. 분명히 좋아하는 책
이라 아까워서 별로 안 좋아하는 다른 책을 찢어도 어쩔
수 없다 하고 줬는데 그건 또 안 찢는다. 아무래도 사운드
북, 플랩 북, 팝업 북을 좋아한다. 팝업 북도 아기돼지 삼
형제는 찢는데 인어공주는 만지고 구기긴 해도 찢진 않는
다. 인어공주를 아기돼지 보다 더 좋아하는 거 같은데 이
번엔 또 덜 좋아해 보이는 걸 찢는다. 출판사 집 딸이니까
책을 좀 많이 봤으면 좋겠는데... 아까는 서로 노는 옆에서
교정을 보고 있었는데 볼펜을 뺏어가고 교정지 위에 앉아
서 한 장씩 구겨주시더라. 그래 교정지랑 많이 친해져서
나중에 교정 교열 좀 같이 보도록 하자.

#3. 서로는 건반을 가지고 논다. 작은 누나가 아이들
이 어릴 때 가지고 놀던 돌돌 말리는 피아노 건반을 주어
서 그걸 가지고 논다. 근데 이게 아무래도 보통의 피아노
건반이 아니다 보니 꾸욱~눌러야 소리가 난다. 다양한 악
기 소리와 드럼 비트를 탑재하고 있는데 터치가 원활하지
않은 게 약간 아쉬운 점이다. 그래도 말아서 치워 놓으면
서로가 기어가서 바닥에 굴려 풀어낸다. 그 위에 올라가

서 발과 무릎으로 눌러 소리를 내며 놀고 드럼 비트나 데
모 연주를 틀어줘도 좋아한다. 자꾸 볼륨 다이얼을 돌려
서 소리를 높이기 때문에 나나 아내가 옆에서 소리를 줄
인다. 그럼 또 높이고 반복적으로 실랑이를 한다. 요즘 음
악 교육은 필수다. 조금 더 크면 제대로 된 건반악기도 사
줘야겠다. 드럼이랑 우쿨렐레도 사주기로 했는데, 그룹사
운드도 가능하겠다.

#4. 서로는 애착 인형에 애착하지 않는다. 아직 시기
가 안되어서 그런건지, 엄마 아빠가 24시간 같이 있어 안
아 달라고 하면 안아 주니까 굳이 인형한테 아쉬울 일 없
어서 그런 건지 모르겠다. 처음 인형은 엄마가 손바느질
로 만들어 주었다. 모양은 곰 모양인데 체형이 사람 체형
이다. 그것도 코어운동 열심히 한 사람 체형이다. 손에 딱
잡힐만한 크기인데 애착한다기보다는 주로 빤다. 다음은
스웨덴 I사 매장에 가서 판다 인형을 사다 주었다. 빨아서
주니까 꼭~끌어안는다. 그러더니 옆에 내려놓고 다른 놀
이를 한다.

판다 어딨어? 판다 '아이 예뻐!' 해주세요~

두리번두리번 판다를 찾는다. 성큼성큼 기어가서 볼을 대고 꼭~안아준다. 하지만 그때뿐이다. 장모님은 그 인형이 너무 싼 거라 서로가 물고 빨아도 되는 건지 불안하셔서 유기농 소재로 만든 인형을 주문해 주셨다. 토끼와 강아지다. 역시 판다하고 같은 취급을 당하고 있다. 장모님이 조금 승부욕이 발동되셨는지 이번엔 국민 애착인형이라고 하는 영국 상표, 중국제 인형을 보내셨다. 우리도 이건 좀 애착을 가졌으면 했다. 모든 아이들이 다 좋아한다니까 서로도 좋아하겠지 했다. 만져보니 엄청 부들부들하고 촉감이 좋다. 판다나 유기농 아이들보다는 더 오래 '아이 예뻐' 하긴 하는데 크게 집착하진 않는다. 잘 때 옆에 놔주면 만지면서 자기는 하는데 인형 어디 갔냐고 먼저 찾진 않는다.

다시 준비하면 잘할 수 있을까?

우리는 서로가 태어나면서 이사를 했다. 실질적으로는 우리 둘이 살던 집과 서로가 태어나면서 사는 집이 다른 집이다. 서로를 위해 이사를 했고 서로가 필요한 것들을 준비한다고 했지만 막상 서로와 함께 지내보니 부족한 점이 많다. 몇 가지 아쉬운 부분들을 정리해 본다.

그동안 살던 집들은 거울이 화장실 현관 등에 기본적으로 붙어 있는 집들이었는데 오래전에 지은 단독주택으로 오다 보니 거울이 화장실에 붙어있는 것이 전부다. 아이를 키우다 보니 거울이 많았으면 좋겠다는 생각이 든다. 다른 아이들처럼 서로도 거울 보는 것을 좋아하는 이유도 있지만 엄마 아빠도 거울이 있으면 좀 편하다. 아기가 어려서 아주 작을 때는 수유를 하거나 할 때 고개를 숙여서 아이를 보고 있는 것이 생각보다 힘들다. 장시간 고개를 숙여 아이를 보고 있으면 목도 아프고 하기 때문에 고개를 들었을 때 거울이 앞에 있으면 아이의 자세나 현재 상태를 확인하기가 편하다. 밤에 그림자놀이를 할 때도 거울이 있으면 훨씬 더 다양한 연출을 할 수 있다. 집

구조상 거울을 새로 달기에는 한계가 있어서 벽에 붙이는 거울은 하나밖에 추가하지 못했다. 아이가 한 곳에만 머물지는 않으니까 이사하고 집 배치를 정할 때 거울 자리를 좀 더 많이 확보해 두었으면 하는 아쉬움이 있다.

이건 일반적인 가정에서는 큰맘 먹어야지 가능한 일이지만 오래된 단독주택으로 이사 오기에 한번 시도했었으면 좋았겠다 싶은 것인데 아기 목욕을 위한 수전을 준비 했었으면 좋았겠다는 생각이 든다. 아기욕조를 화장실에 두고 씻기는 것이 그리 쉬운 일이 아니다. 이사하기 전에는 이 집의 화장실이 좁다고 생각한 적이 없었는데 어른 둘이 들어가서 아이 씻긴다고 움직이기엔 비좁다. 다른 집들도 그렇게 하는 것 같아서 방에 수건을 깔고 물 받은 욕조를 옮겨서 목욕을 시켜도 봤는데 그래도 욕조를 바닥에 둬야 해서 불편하다. 엄마의 경우 출산 후 온전하지 못한 몸으로 바닥에 쭈그리고 앉아서 아기를 목욕시키고 안아 올리고 하려면 허리나 무릎, 손목에 무리가 갈 수밖에 없다. 조리원에서 보니까 보통 가정집에서는 싱크대로 쓰는 곳에서 아기 목욕을 시키고 있었다. 높이도 그렇고 딱 좋은 것 같았다. 요즘은 주방 아일랜드 식탁에 물도 나와서 간단한 조리나 설거지를 할 수 있는 서브 싱크대를 놓는 집들도 늘어나고 있는 것 같던데 그렇게 아이 목욕시킬 수 있는 싱크대를 욕심내 볼 걸 그랬다. 목욕 시킬 때뿐만 아니라 아이가 큰 볼일 봤을 때도 쓸 수 있으니 좋고 주방 쪽에 설치하면 아이가 크고 난 후 거기서 설거지나 조리도 할 수 있으니 두고두고 좋았을 텐데 아쉽게 되었다.

아이가 기고 걷게 되면 손이 닿는 모든 문과 서랍을 다 열어보고 땡기기 때문에 안 열리게 혹은 손이 끼이지 않게 해야 하고 작은 장식장이나 수납장은 아이의 힘으로 땡기거나 부딪혀도 넘어지지 않게 꼭 벽에 고정을 잘 시켜두어야 한다는 이야기를 많이 들었었고 가구를 배치할 때도 머릿속에 늘 그 생각을 했었지만 천천히 하면 된다고 생각했었다. 하지만 아이가 기고 짚고 일어나는 날은 너무 빨리 다가와 버렸다. 매트도 깔고 펜스도 쳐야 하는데 그러려면 가구 배치부터 다시 해야 하는 상황이 되었다. 그래서 지금 우리 집 소파는 안방에 들어가 있다. 거실을 가득 채우는 소파가 아니라 2~3인용 작은 소파라서 다행이지 오도 가도 못할 뻔했다. 아직도 아이의 안전을 위한 공사는 진행 중이고 임시방편으로 하다 보니 어수선하고 맘에 안 든다. 큰 공사를 계획해야 할 것 같다. 이사 오기 전에, 짐이 한두 개라도 적을 때 했으면 좋았을 것이다.

서로를 위한 기도

주님, 서로와 함께하는 다시 돌이킬 수 없어 아쉬운 시간들이 흘러갑니다. 서로가 아무것도 하지 못하고 누워만 있던 시절도 소중했고, 엄마 아빠 밤잠을 설치게 해 힘들었던 시간도 소중했습니다. 그 작고 귀엽고 이쁜 모습 더 오래 보고 싶은데 이제는 벌써 커버려 볼 수 없는 모습이 되었습니다. 이렇게 또 이 세상은 그저 지나갈 뿐이라는 진리를 배웁니다. 지나갈 뿐인 이 세상에 집착하지 않는 지혜, 동시에 이 시간의 소중함을 알고 귀히 사용하는 지혜를 모두 가질 수 있다면 얼마나 좋을까요? 한순간도 소중하지 않은 시간이 없음을 우리가 서로를 통해 배웠습니다. 아껴 쓰고 귀히 쓰게 해주세요. 아침마다 부지런하게 하시고 저녁마다 성실하게 도와주세요. 우리 세 가족 모두가 그렇게 살아가길 원합니다.

서로의 스케줄 조정

아이들 성향에 따라 다르긴 하겠지만 대부분의 아이들은 잠자는 시간, 먹는 시간이 정해져서 그걸 지키는 편이라고 들었다. 서로도 다른 아이들과 마찬가지로 비교적 규칙적인 생활을 하고 있다. 성장하면서 변하기는 하지만 일단 루틴이 변하면 또 그 변한 루틴대로 지키면서 생활한다.

요즘 서로의 하루 일과는 7시 30분에 시작한다. 아니구나! 5시에 시작한다. 다섯시에 잠에서 깨서 칭얼거린다. 잠이 완전히 깬 건 아닌데 그렇다고 숙면을 유지하기도 어려운 애매한 상태인 것 같다. 엎드려서 팔굽혀펴기를 하는 것처럼 상체를 위아래로 움직이다가 침대 난간을 잡고 일어섰다가 다시 주저앉아서 칭얼칭얼한다. 엄마나 아빠가 토닥거려 주거나 안아주면 5시 반쯤 다시 잠이 든다. 그리고는 7시 30분에 다시 일어난다. 그러면 아침을 먹고 놀다가 10시~11시에 1시간 정도 낮잠을 자고 12시 전후로 점심을 먹는다. 잘 놀다가 오후에도 낮잠을 한 시간 정도 자고 5~6시에 저녁을 먹는다. 그리곤 계속 놀다가 9시

145

쯤에 분유를 한 번 더 먹고 잠이 든다. 그러면 7~8시간 자고 5시에 잠깐 깨고, 그렇게 하루가 다시 시작된다.

그런데 오늘은 오전에 잠자는 타이밍을 놓쳤나 보다 졸린 것 같아서 재워주려고 엄청 노력해 보았으나 점심때가 임박하도록 잠을 자지 않았다. 배가 고픈 것 같아 밥을 먹이는데 짜증이 이만저만이 아니다. 밥을 먹고도 짜증이 나아지지 않는다. 안아줬더니 존다.

서로야, 먹고 바로 자면 어떻게 해! 좀 버텨봐!

우리의 간절한 바람은 서로의 귓전을 스치기나 했을까? 내 가슴에 얼굴을 대고 잔다. 이미 깊은 잠에 빠져들어 가셨다. 오전 낮잠을 정오에 잤으니 오후에 잠이 올 리가 없다. 오후에는 낮잠 없이 계속 논다. 그러다가 저녁 먹기 한 시간 전부터 보채기 시작한다. 졸린 눈이다. 그래도 먹고 자야지, 지금 자면 저녁은 언제 먹고 자기 전 분유는 언제 먹고 잠은 언제 자나? 줄줄이 밀리면 엄마 아빠가 너무 피곤해진다. 물이 닿으면 잠이 좀 깰까 싶어서 목욕을 좀 일찍 시켰다. 잠깐 정신을 차리는가 싶어서 이유식을

146

먹이려는데 세 숟가락 먹고 안 먹는다. 아까 점심에는 졸려도 그냥 받아먹긴 했는데 지금은 안 먹겠다고 난리다. 이유식이 식어가는데도 진도가 안 나간다. 노래를 불러줘도 소용이 없다. 이대로 이유식 포기하고 재워야 하나? 자고 일어나면 배고프다고 난리 날 텐데 먹던 이유식 다시 줄 수도 없고 뭘 먹이나? 결단을 내리거나 특단의 조치가 필요한 상황이다.

요즘 매일 100g씩 원두를 로스팅 해서 커피를 마시고 있다. 가정용 로스터라 한 번에 100g뿐이 안 들어간다. 100g이라고 해봐야 로스팅 끝나고 나면 수분이랑 껍질이 30% 이상 날아가서 양이 얼마 안 된다. 요즘 출판 준비 중인 책이 있어서 커피를 많이 마신다. 그래서 부지런히 로스팅을 해서 작은 유리병에 담아 둔다. 지금 재고가 두병이 있다. 1/3쯤 남은 거 하나, 2/3 만큼 들어있는 거 하나 식탁위에 있길래 들고 흔들었다. 유리병 속에 들어있던 원두가 유리병을 스치는 소리와 플라스틱 뚜껑이 부딪히는 소리가 재미있다. 서로가 쳐다본다. 양손에 들고 박자에 맞춰 흔들며 노래를 부른다.

한 꼬마 두 꼬마 세 꼬마 인디언 네 꼬마 다섯 꼬마...

한글 버전과 영어 버전을 번갈아 부른다. 나의 현란한 연주에 정신이 혼미해졌는지 엄마가 숟가락을 들이대면 입을 벌려 받아먹는다. 멈출 수 없다. 마지막 기회다. 여기서 한 번 더 정신을 차리고 짜증을 내면 이유식 포기다.

코끼리 한 마리가 거미줄에 걸렸네 신나게 그네를 탔다네 너무너무 재밌어 좋아좋아 랄랄라 다른 친구 코끼리를 불렀네 코끼리 두 마리가 거미줄에 걸렸네 신나게 그네를 탔다네...

코끼리 여러 마리가 거미줄을 오르내렸고, 곰과 송아지, 온갖 동물들이 케냐 AA 마라카스와 함께 서로의 밥상 위에서 춤을 췄다. 그렇게 겨우 밥을 다 받아먹고 서로는 곧 다시 잠으로 빠져들었다.

아침에 좀 일찍 일어나긴 하지만 서로가 낮잠을 오전 오후로 자니까 일을 하기에는 편하다. 이젠 컸다고 작업을 하고 있으면 서로가 와서 화면을 만지려고 하고 못하

게하면 엄청 떼를 쓴다. 책을 쓰시는 분은 밤이 진도가 잘
나가겠지만 나는 책을 만드는 사람이라서 그런지 낮에 일
하는 게 좋다. 서로가 낮잠자는 시간이 진도가 제일 많이
나가는 시간이다. 식사시간마다 졸려 했던 그날을 빼고는
평온한 일상이 며칠이 더 지났다. 언제나처럼 서로는 오
후 낮잠을 자고 나는 작업을 하고 아내는 외국에 나가있
는 친구 생일이라 오랜만에 통화를 하고 있었다. 아내 친
구가 서로는 뭐하고 있냐고 물었나 보다.

지금 자.

지구 반대편에서부터 불호령이 떨어졌다. 지금 이 시
간에 낮잠을 자면 밤에 잠을 안 잘 거 아니냐, 10개월이
넘었는데 밤에 10~12시간은 자야지, 낮잠을 한 시간 이
상 재우지 마라, 오후 늦게는 잠들어도 10분만 있다가 깨
워라... 아내의 친구는 서로를 당장 깨우라고 했나 보다.
우리가 그동안 너무 편하게만 생각한 것 같기도 하다. 그
냥 졸려 하면 재우고 푹 자도록 내버려 두고 했는데 밤에
는 최대한 길게 자는 습관을 빨리 들이는 게 더 좋을 것
같긴 하다. 그래서 그날부터 서로의 낮잠은 오전에 1~2시

149

간, 오후에는 가급적 자지 않고 졸음에 겨워 잠들면 2~30분 후에 깨우는 것으로 조정되었다. 취침시간이 8시와 8시 30분 사이로 한 시간 정도 당겨졌다. 처음 며칠은 오후 6시쯤부터 너무 졸려서 어쩔 줄 몰라 했는데 점점 잘 적응하고 있는 것 같다. 낮잠을 안 자니까 새벽 5시에 일어나서 안아달라고 하는 시간이 없어졌다. 10kg 넘는 아이를 새벽에 비몽사몽간에 안아주는 것도 쉽지만은 않았는데 잘 된 것 같다. 서로가 일찍 자니까 엄마 아빠 야식이나 TV도 어느 정도 가능해진다. 항상 선배의 말을 경청해야 한다.

딸 가진 아빠

　다만 악에서 구하옵소서... 서로의 아빠가 되고 나서 서로의 앞날을 생각할 때마다 주기도문의 저 구절이 얼마나 간절한 지 모른다. 서로가 태어나고 지금까지 모든 이슈의 중심은 코로나19였지만 무시무시한 사건들도 많았고 거기에 대처하는 행정부와 사법부, 입법부 모두 다 국민들의 마음을 헤아리지 못하였다. 특히나 사람을 (특히 여성을) 인격체로 보지 않고 목적을 위한 수단으로, 어떠한 대상으로 여기면서 일어난 범죄들은 영화 속보다 더 잔인했다. 피가 나고 목숨이 위태로운 것보다 사람의 인격을 유린하는 것이 더욱더 무섭다. 화가 나고 슬프다. 서로가 자라고 나면 달라지겠지, 조금 더 나아지겠지 하며 위안을 삼고 있지만 조금씩 나아져서 될 일이 아닌 것 같다.

　요즘 젊은이들 중에 사람을 혐오의 대상으로 여기는 사람들이 너무 많다. 자신만을 소중히 여기고 자신의 소중함에 방해가 되는 타인은 무조건 악으로 만들고 경멸한다. 그것이 잘못됨을 지적해 주어도 전혀 듣지 않고 패거리를 이루어 자신들끼리 논리를 만들고 그 안에서 점점

151

더 큰 괴물이 되어간다. 자신들은 남에게 피해를 준 적이 없다 하지만 세상을 떠들썩하게 만든 이들 중 많은 이들이 그 패거리로부터 출발하였다.

서로는 저렇게 이쁜데, 저렇게 이쁜 아이가 살아갈 세상이 이 지경이라고 생각하니 하루 종일 마음이 우울하다. 어떻게 하면 서로를, 우리 가족을 세상으로부터 지킬 수 있을까? 많은 부와 권력을 가지면 될까? 그냥 외국으로 나가거나 산속에 들어가서 살면 될까? 누구도 어디도 이 세상에 안전한 곳은 없으니 늘 기도하면서 살면 하나님이 알아서 지켜 주실까? 어떤 것도 정답은 아니다. 그렇다고 무기력하게 앉아 있기에는 너무 가슴이 답답하다. 생각하고 기도하고 하다 보면 늘 결론은 하나뿐이다. 내가 있는 곳에서 작은 일들을 열심히 해서 조금씩이라도 세상을 변화시키는 것. 다행히 나는 지금 책 만드는 일을 하고 있다. 요즘은 책을 읽는 사람이 정말 없고 책이 잘 팔리지도 않지만 그래도 사람을 변화시킬 수 있는 것 중에 가장 힘이 있다고 여겨지는 것이 아직까지는 책이다.

기독교 청소년들이 좀 더 기독교인 다운 생각을 하고

삶을 살았으면 좋겠다. 우리나라는 기독교인은 많은데 기독교 문화는 찾아보기가 힘들다. 기독교 문화라는 것은 기독교를 주제로 하는 책, 음악, 미술, 공연이 아니라 기독교인답게 살아가는 '모습'이라고 생각한다. 기독교인도 세상 사람들과 똑같이 벌고, 똑같이 쓰고, 똑같이 말하고... 교회가, 하나님이, 우리 삶과는 분리되어 있다고 다들 생각하는 것 같다. 삶이 예배가 되어야 한다고 하면서 누구도 삶으로 예배하는 법을 가르쳐 주지 않은 것 같다. 중요한 판단의 순간엔 항상 세상의 것들만 판단의 기준으로 제시하는 집사님들에게 기독교인으로 살아가는 방법을 배우진 못했을 것이다. 그래서 앞으로 그런 내용을 담은 책들을 내는데 더 힘을 쏟아야겠다. 그렇게 내가 할 수 있는 일을 하는 게 서로를 지키는 일이라고 생각하기로 했다.

서로를 위한 기도

　교회의 이름이, 하나님의 이름이 땅에 떨어진 것만 같은 절망의 시절을 보내고 있습니다. 하지만 우리가 찾고 의지할 곳은 주님과 교회밖에 없음도 더욱 분명해지고 있습니다. 바로 지금 이때에 서로가 태어난 이유가, 이 시대에 서로가 해야 할 일이 궁금합니다. 그래도 지금의 우리는 알 수가 없습니다. 그저 오늘 하루를 성실하게 보내려고 노력할 뿐입니다. 서로의 하루하루가 모여 하나님의 뜻을 이루는 아름다운 모습을 우리는 아주 많은 시간이 지나서야 볼 수 있겠죠? 그때가 오기 전까지 서로가 상처받고 지치고 여러 번 실패해도, 괜찮다고 말해주겠습니다. 힘들어하는 서로를 보며 아리듯 아픈 엄마 아빠의 마음이 서로를 지으신 하나님의 마음이라고 말해 주겠습니다. 우리로서는 감당할 수 없을 만큼 소중한 서로의 삶이기에 하나님께 의탁합니다. 하나님 서로와 함께해 주세요.

이 시간 너의 맘 속에

서로에게 가장 많이 불러 준 찬양이 '이 시간 너의 맘 속에' 였다. 어떨 때는 졸려서 칭얼 하다가도 "이 시간 너의 맘 속에~" 이렇게 찬양을 시작하면 금세 방긋 웃기도 많이 했다.

서로의 맘 속에 하나님 사랑이 가득하기를 진심으로 기도하고 간절히 소망한단다. 하나님이 서로를 사랑하셔서 서로를 위해 저 별을 만드셨고 이 세상을 만드셨고 아들 예수님까지 우리에게 보내셨단다. 아주 오래전, 이 세상이 창조되기 전부터 하나님은 서로를 너무 많이 사랑하셨고 서로가 이 세상 살아가는 동안 어딜 가든지 그 사랑이 너와 함께 할 거야!

서로가 자라는 하루 - 에필로그

서로의 첫 생일을 어떻게 준비해야 하나 고민하는 요즘 서로는 점점 더 예뻐지는 것 같다. 무슨 생각을 하는지 이제 조금 알겠고, 말귀도 조금씩 알아듣고, 이것저것 먹기도 잘 먹는다. 아직 혼자 걷진 못하지만 기어서, 무언가 붙잡고 걸어서, 집안 어디든 원하는 곳으로 갈 수 있다. 봄이 되면 유모차보다는 자전거를 타고 외출하려고 뒤에서 엄마 아빠가 잡고 가는 세발자전거를 샀다. 이걸 가지고 집에서 적응 훈련 중이다. 최근에는 무엇이든지 처음 보는 낯선 것을 보면 운다. 그래도 하루 이틀 적응하면 잘 가지고 논다. 돌사진도 백일 때처럼 집에서 찍어야 할 것 같아서 사진 찍을 때 입히려고 산 한복과 신발도 입히고 신기려니까 낯설다고 울어서 그것 역시 적응 훈련 중이다. 낯선 것들에 하나하나 적응해 나가면서 서로는 하루하루 성장하고 있다. 서로가 성장할 수 있도록 고민하고 준비하고 때로는 참고, 어떨 땐 속상하기도 하면서 엄마 아빠도 자라고 있다.

나는 글을 쓰는 사람은 아니고 책을 만드는 사람이다.

그것도 이제 시작한 축에 속한다. 그런 내가, 내가 쓴 글로 책을 만든다는 게 좀 민망하고 부끄럽긴 하지만 이제 거의 다 되어 가는 것 같다. 이 책은 서로에게 돌 사진이다. 식구들이 모여서 같이 식사하기도 어려울 것 같은 2021년의 2월에 돌을 맞이하는 서로에게 지난 1년간 이런 이런 일이 있었고 그 일들을 통해 이렇게 자랐다고 보여주는 하나의 장면이다. 1년간 엄마 아빠가 얼마나 노심초사하고 발 동동거리며 너를 지켜냈는지, 또 서로가 엄마 아빠에게 어떻게 힘을 주고 지켜줬는지 생각해 보면 이 책은 정말 하나의 장면에 불과하다. 그래도 그것마저 희미해지기 전에 사진처럼 남겨두고 싶었고 부모님과 친지들에게 서로의 이야기를 이만큼이라도 전하고 싶었다.

마지막 그림은 서로 엄마가 지난 1년간의 자체 자가격리 생활을 돌아보며 우리의 소망을 표현한 것이다. 일상이 우리에게 되돌아와 준다면 저 그림을 사진으로도 남길 수 있겠지. 서로는 좀 전까지 칭얼대다 잠이 들었다. 지금부터 나는 이 책의 교정 교열을 시작할 것이고 아내는 이 책의 그림들을 리터칭 할 것이다. 그렇게 하루가 지나고 서로가 그만큼 자랄 것이다.

159